ESSAI

POLITIQUE ET HISTORIQUE

SUR

LE PARTAGE

ET

LA TRANSMISSIBILITÉ

DE

LA PROPRIÉTÉ TERRITORIALE

D'APRÈS LE PRINCIPE DE LA STABILITÉ

EN RUSSIE,

ET DANS QUELQUES AUTRES PAYS.

Ἐγὼ γ᾽ νῦν, νομοθέτης ὤν, οὔθ᾽ ὑμᾶς ὑμῶν
αὐτῶν εἶναι τίθημι, οὔτε τὴν οὐσίαν ταύτην·
ξύμπαντος δὲ τοῦ γένους ὑμῶν, τοῦ τε ἔμ-
προσθεν καὶ τοῦ ἔπειτα ἐσομένου.

PLATO DE LEGG.

Rappelez vous que ni vos biens ni vos personnes ne vous appartiennent, mais qu'ils sont la propriété de toute votre race, de vos ancêtres ainsi que de votre postérité.

LEIPSIC

FRÉDÉRIC FLEISCHER.

1839.

TABLE DES MATIERES.

AVANT-PROPOS.

L'école philosophique qui a exercé sur les destinées
du 18ème siècle une influence si décisive niait l'esprit,
et matérialisait la vie: elle croyait pouvoir expliquer
l'existence de la nature organisée au moyen du jeu
purement mécanique des particules primitives, et suppléer aux préceptes de la morale par les calculs de
l'amour-propre. Le politique mécanicien, raisonnant
sous l'influence de ces doctrines, n'a su voir également
dans la société que des individus atomes dont l'aggrégation spontanée, selon lui, constituait l'État. Il n'a
cru avoir besoin que de ranger ces forces unitaires
dans un complet équilibre, sans aucunement prendre
en considération l'action des mobiles moraux avec lesquels les anciens ont fait de si grandes choses. L'empire que les principes adoptés pour la division et la
constitution de la propriété ont exercé de tout temps
sur le bien-être des nations, n'a pas échappé à la
politique matérialiste; elle a voulu en profiter pour
appuyer ses doctrines favorites. Ennemi de toutes

les supériorités sociales, et les voyant partout appuyées sur la propriété, elle n'a pas hésité à les attaquer en proclamant la divisibilité à l'infini et la libre circulation de tous les biens. Les intérêts de l'industrie et de l'agriculture, ou la prospérité matérielle de la société, — la seule qu'un siècle frivole et égoïste fût capable de comprendre et digne d'apprécier — durent servir à appuyer ces principes. Cette tactique leur concilia la faveur des disciples de Smith, qui ne songeaient pour la plupart qu'aux moyens d'accroître la production sans s'embarrasser des conséquences. De là les préjugés répandus depuis la fin du siècle dernier contre toute institution destinée à mettre des bornes à la libre circulation et au morcellement indéfini de la propriété territoriale. Conséquence inévitable des principes de la politique de nivellement, ils réclament un examen sévère; la nature de leur origine suffit pour faire naître des doutes sur leur légitimité.

Toute solution du problème de l'indivisibilité et de la perpétuité de la propriété foncière, problème qui tient aux plus hautes questions de l'économie politique, du droit et de l'organisation sociale, peut paraître prématurée en Russie, vu la rareté de sa population et l'étendue de son vaste territoire. Mais la Russie est un pays de contrastes. Dans les gouvernements du centre, particulièrement voués à l'agriculture, la population paraît déjà plus que suffisante pour les besoins de la culture, ce qui appert de la comparaison de cette population avec celle de l'Angleterre où l'économie rurale est parvenue à un si haut degré de perfection. Un tel état de choses est avantageux au pays; il lui laisse des bras disponibles pour l'industrie manufacturière. Si le nord est peu peuplé, en revanche il est peu propre à l'agriculture. La production du midi est sans doute encore susceptible d'un grand développement, mais à quoi lui servirait-il de s'accroître dans une proportion plus forte que la population? La Russie produit déjà plus de céréales qu'elle ne peut en consommer, et souvent plus qu'elle ne peut en vendre. Pour ce qui concerne la distribution de la propriété, on ne saurait méconnaître qu'il règne déjà une certaine inégalité; la Russie a au reste besoin de grandes cultures pour plusieurs branches d'industrie agricole qui ne sauraient s'en passer. La question du morcellement et de la circulation des biens-fonds paraît donc se rattacher aux intérêts de l'époque. Ce n'est pas lorsque la division du terrain se trouve déjà poussée à l'extrême qu'il convient d'en examiner l'opportunité et d'en poser les bornes; c'est lorsqu'un semblable état de choses paraît possible à l'avenir qu'il est utile de chercher à en prévoir les conséquences.

Le lecteur s'apercevra aisément que les vues que nous essayons de développer diffèrent, tant pour les principes que pour les détails, de celles qui ont été énoncées par un grand nombre d'écrivains et adoptées par plusieurs législations. Favoriser autant que possible l'égalité des fortunes territoriales, en en prévenant et l'agglomération excessive et le morcellement indéfini, a été notre but: une sage modération „l'*Inter utrumque"* d'Ovide, notre devise. Avançant avec précaution sur un terrain difficile, et animés d'une juste défiance en nos propres forces, nous demandons grâce de la sécheresse des raisonnements, parfois assez abstraits, auxquels nous avons été forcés de nous livrer pour appuyer nos opinions et repousser les objections et les préjugés qui s'élevaient contre nous: heureux si nous avons quelquefois réussi à rencontrer la vérité que nous avons cherchée avec une consciencieuse ardeur.

INTRODUCTION.

CHAPITRE I.

Considérations préliminaires et division de l'ouvrage.

L'enfant commence à peine à réfléchir que la distinction à faire entre la *personne* et la *chose* frappe déjà confusément son esprit; la personne, être actif, intelligent et libre, qui renferme en lui-même le but de son existence; la chose, objet purement destiné à l'usage de la personne et par conséquent subordonné à ses volontés et à ses besoins. La nécessité de *l'usage* des objets matériels pour satisfaire aux exigences de l'existence humaine se fait bientôt sentir; elle dévoile à son tour les avantages de l'usage *exclusif* ou de la *possession*, la possession prolongée fait naître l'idée de la *propriété*. Telle est aussi la marche que suivent les institutions sociales dans l'enfance de la civilisation. L'idée de la propriété vient la dernière, et dès qu'elle a pris racine, elle devient le principe fondamental de tous les rapports entre la personne et la chose. Dès lors les choses ne sont plus considérées isolément, mais comme des appartenances des personnes, savoir: comme des *biens*. Leur possession offrant de grands avantages, elle devient l'objet de fréquentes dissensions, qu'il importe de régler d'une manière conforme à l'intérêt général et aux préceptes de la justice ou du droit, préceptes subordonnés à l'idée qu'on se fait du but de l'humanité.

Les individus n'existent pas isolément, mais distribués en

familles; les familles se forment peu à peu en tribus; les tribus deviennent des sociétés politiques. On s'aperçoit bientôt que la distribution des biens et le mode de leur transmission exercent une influence décisive sur le bien-être des individus, des familles, des sociétés entières. La législation des biens naît et se développe peu à peu; elle a pour objet les rapports légaux à établir entre l'homme et la chose, et doit donc sans cesse avoir en vue le triple intérêt de l'*individu*, de la *famille* et de la *société*.

Les biens exercent sur l'homme une double influence et lui offrent par conséquent un double intérêt, un intérêt purement *matériel* en ce qu'ils servent à sa subsistance, un intérêt *moral* en ce qu'ils déterminent en partie le degré de considération et d'indépendance dont il jouit. Le bien-être matériel ou économique de l'individu, de la famille et de l'état exige l'accroissement progressif et une répartition équitable de leurs richesses. Sous ce point de vue, le plus grand développement de tous les genres d'industrie sera le but de la législation.

Le bien-être moral dépend des rapports sociaux établis par les lois, comme par les mœurs, tant entre les individus qu'entre les divers ordres de citoyens, rapports qui doivent nécessairement se trouver en harmonie avec la distribution des biens et le mode de leur transmission, car toute prééminence légale doit être fondée sur une supériorité réelle pour être durable, et cette supériorité à son tour est inséparable de la considération que donne la propriété. La législation des biens devra donc se conformer à l'organisation générale de la société et lui servir de base matérielle, de point d'appui dans le monde physique.

Les biens se divisent en deux grandes classes de nature fort différente et soumis par la plupart des législations modernes à un régime opposé; les biens *meubles* et les *immeubles*. L'influence qu'ils exercent sur la société dépend des proportions dans lesquelles ils sont distribués parmi les individus, les familles, les classes, ainsi que de la rapidité de leur circulation. Le mouvement et la répartition des biens sont réglés à leur tour par les conditions qui déterminent le mode de leur transmission entre vifs et l'ordre de la succession. Il conviendra donc d'examiner si à cet égard les meubles et les immeubles doivent être soumis aux mêmes lois, et si le principe de la divisibilité à l'infini et d'une faculté illimitée d'échanges peut être admis avec avantage pour les deux espèces de biens. La totalité des objets matériels se trouve en effet dans le *temps* et dans *l'espace*; pour connaître la nature de leur influence sur l'homme, il faut savoir de quelle manière ils y existent. D'après quel principe coexistent-ils dans l'espace? Il s'agira ici de la *concentration* et du *morcellement* des propriétés. Comment se succèdent-ils dans le temps? Il sera question de leur *perpétuité* dans les mêmes familles ou de leur *passage* d'une main à l'autre. Tels sont donc les deux problèmes que nous aurons à résoudre, telles sont les bornes naturelles de notre sujet, car nous n'entendons pas donner ici une théorie générale de la propriété. Nous traiterons la question d'abord dans ses rapports directs avec l'intérêt général, après quoi nous nous occuperons des intérêts de l'individu et de la famille. Or les intérêts de l'individu se résument dans la libre jouissance de sa propriété et dans la faculté de la transmettre soit entre vifs, soit pour le cas de sa mort. L'intérêt de la famille consiste dans la faculté de succéder ab intestat, malgré les volontés du propriétaire défunt; c'est ici la sphère des droits de la famille opposés à ceux de l'individu. Nous aurons donc à traiter du droit de propriété, de la succession testamentaire et de la succession ab intestat.

CHAPITRE II.

DE LA PROPRIÉTÉ TERRITORIALE PAR RAPPORT AU BIEN-ÊTRE MATÉRIEL DE LA SOCIÉTÉ.

Avantages des cultures de grandeur moyenne.

Commençons par considérer la manière dont les biens-fonds coexistent dans l'espace, savoir la question de la concentration et du morcellement de la propriété territoriale.

Les économistes se sont déclarés pour la petite propriété, par la raison que les grands propriétaires sont, à ce qu'ils prétendent, rarement disposés à s'occuper de l'agriculture, qu'ils sont trop riches pour ne pas se vouer de préférence à des intérêts d'ambition ou à des jouissances de luxe, qu'ils dépensent tout leur revenu d'une manière improductive, qu'ils n'ont ni le goût des améliorations ni les connaissances et l'activité nécessaires pour en faire et qu'ainsi ils ne sauraient se comparer au petit propriétaire qui connaît tous les recoins de son modeste domaine et n'épargne ni soins ni travail pour en tirer le meilleur parti possible. Tels sont les arguments allégués par Smith[a]) et répétés par Verri, Say et autres, ainsi que par les politiques niveleurs, comme par ex. Condorcet. Il est évident qu'ils ne s'appliquent qu'à des circonstances fortuites et à des localités spéciales; ils présupposent de la part des grands propriétaires une incurie et une indolence compatibles seulement avec une opulence démesurée et résultat de préjugés invétérés. L'un et l'autre est en effet le cas dans quelques pays de l'Europe, par ex. en Espagne, et à un moindre degré en Angleterre et en Écosse, où de vastes étendues de terrains presque incultes ont été déclarés

---

a) Richesse des nations. L. III. chap. 2.

inaliénables et indivisibles dès les temps du régime féodal. Les arguments des économistes attaquent l'abus de la richesse en général qui, portée à un très-haut degré, entraîne, quelqu'en soit la source, à la mollesse et à l'oisiveté. Mais si nous comparons en eux-mêmes et sous le point de vue strictement économique les avantages des grandes et des petites exploitations, soit en fabriques soit en fonds de terre, et que nous faisons abstraction des qualités personnelles purement fortuites des propriétaires, nous nous convaincrons de la supériorité des grandes entreprises. Telle est aussi, en ce qui concerne les biens-fonds, l'opinion des agronomes les plus distingués, tels que Young, Bell et Thær[a]). Dans les grands établissements industriels, on peut pousser plus loin la division du travail, ce qui rend les produits de meilleure qualité, on travaille en grand à l'aide de machines, par conséquent mieux et à meilleur marché, on a des capitaux et le crédit nécessaires pour entreprendre des améliorations, on épargne enfin en fait d'ouvriers et de bâtiments. Des avantages semblables se rencontrent dans l'économie rurale: les biens-fonds étendus produisent davantage à moins de frais, c.-à-d. en dépensant moins de travail. En Angleterre, dit Bell[b]), les petites fermes qui ne dépassent pas 30 à 40 acres (11 à 15 dessiatines) ne rapportent pas au delà de deux quartiers de froment par acre; les grandes, savoir celles de 200 acres et plus — rapportent plus de cinq par acre. „Les „récoltes des petits fermiers,“ dit Young[c]), „ne sont presque „jamais aussi bonnes que celles de leurs voisins plus aisés. „La quantité et la valeur du produit des petites fermes „sont moindres en raison de leur petitesse. — Qu'on se „demande quel est celui du petit ou du grand fermier, „qui fume le mieux ses terres, qui enlève des villes le „plus d'engrais, qui creuse le plus de puits de marne, qui

---

a) Bemerkungen zu Bell's Abhandlungen über den Ackerbau.
b) Essais en Agriculture.
c) Cultivateur anglais IX., 77. XVIII. page 313.

„cultive le plus de navets et d'autres légumes, qui saigne „le mieux les terres humides, défriche des landes etc. ?" Les causes de cet état de choses sont faciles à saisir. Le gros fermier possède seul les capitaux nécessaires pour faire des améliorations considérables et acheter de bons instruments. Comme il a du crédit et qu'il n'est pas pressé de vendre, il peut attendre le moment d'une hausse de prix. L'étendue de sa terre lui permet de diversifier les cultures, de manière qu'il ne se trouve jamais dans une disette complète; et une récolte manquée ne le réduit pas à la misère. Enfin, ce qui est le principal, la variété des cultures permet seule l'élève du bétail, et l'application d'un système de rotation, fondements de toute agriculture perfectionnée. Plusieurs branches très-importantes de l'économie rurale exigent d'ailleurs une étendue de terrain considérable; nous ne citerons que l'élève des bêtes à laine et les distillations d'eau-de-vie, les dernières à cause des dépenses qu'exige la construction et l'entretien des bâtiments. Ces deux industries sont particulièrement répandues en Russie, qui ne saurait donc se passer des grandes exploitations.

Une autre circonstance qui les rend nécessaires dans ce pays, c'est que dans les grandes cultures on produit non-seulement mieux, mais aussi avec moins de bras, par conséquent à moins de frais. La diversité des cultures permet de faire passer les cultivateurs sans interruption d'un travail à un autre, et de ne jamais perdre de temps; on a donc besoin de moins de monde. On épargne aussi en fait de chevaux et de bâtiments. Bell observe qu'on a besoin de 12 chevaux pour cultiver 600 acres réunies en une seule exploitation; mais qu'il en faudrait 20, si la même étendue de terrain formait 10 fermes différentes. Young présente le tableau suivant fondé sur des observations recueillies en Angleterre:

Sur une étendue de 30 acres 2 cultivateurs et 3 chevaux, donc un homme sur 15 acres et 1 cheval sur 10 acres;

sur une étendue de 55 acres 3 cultivateurs et 5 chevaux, donc 1 homme sur 18⅓ acres et 1 cheval sur 11 acres;

sur une étendue de 88 acres 4 cultivateurs et 6 chevaux, donc 1 homme sur 22 acres et 1 cheval sur 14⅔ acres.

Il faudrait donc pour cultiver un territoire de 30 millions d'acres, en le divisant en fermes

de 30 acres	2,000,000 hommes		3,000,000 chevaux,	
55	=	1,635,000	=	2,725,000	=
88	=	1,364,000	=	2,049,000	=

On épargne dans le

dernier cas		636,000	=	1,951,000	=

Quelle économie dans les frais de culture et quels avantages résulteront des grandes exploitations pour un pays tel que la Russie, qui manque de bras pour les travaux de l'industrie manufacturière, devenue néanmoins la condition indispensable de son bien-être matériel ainsi que de sa civilisation.

La baisse générale des prix des céréales et les besoins croissants du luxe, — surtout dans un pays où le goût des produits variés et brillants de l'industrie commence à se répandre jusque dans les provinces les plus éloignées, réduisent à un très-petit nombre les propriétaires fonciers trop opulents pour s'occuper de l'accroissement ou au moins de la conservation de leurs revenus. Ceux qui ne se trouvent pas dans le cas de régir leurs biens eux-mêmes, cherchent au moins des fermiers intelligents qui en sachent tirer le meilleur parti possible. L'utilité des sciences agricoles se fait donc assez sentir pour être appréciée même de ceux qui ne les possèdent pas: elles ne perdent rien à l'existence des grandes propriétés. Elles perdraient au contraire infiniment à leur morcellement indéfini. Ce n'est que dans les grandes cultures que la multiplicité des produits laisse un libre champ aux combinaisons les plus variées, et fournit à l'administrateur intelligent l'occasion d'exercer ses talents: ce n'est que là qu'on peut calculer l'action réunie de divers systèmes de rotation, en assignant à chacun le terrain qui lui est le plus propre [a]); qu'on peut hasarder des essais et des améliorations, et faire des avances considérables. Le petit cultivateur, borné à quelques champs, et souvent à un seul qu'il travaille à peu près toujours de la même manière, n'ose pas se livrer à des améliorations douteuses, car une récolte manquée le réduit à la misère. Il n'a ni les moyens ni le loisir de s'instruire, et à quoi bon chercherait-il à augmenter ses connaissances, ne trouvant ni l'occasion ni l'argent nécessaires pour en faire l'application? Le cercle borné d'un travail mécanique, fatiguant et se reproduisant sans cesse sous les mêmes formes, finit par l'abrutir et lui enlève jusqu'au désir de cultiver son intelligence. Un administrateur actif et instruit, ne trouvera dans une exploitation d'environ 6000 acres ($2260\frac{1}{2}$ dessiatines), comme il s'en trouve en Angleterre, que les occasions nécessaires pour signaler ses talents.

Bell indique une étendue de 600 acres comme la plus avantageuse à l'agriculture. Des exploitations d'une moindre étendue ne sont en effet profitables que dans les environs des villes, où l'on peut se procurer à vil prix une quantité considérable d'engrais; en Angleterre les petits fermiers sont en général dans la misère, et amélioreraient leur condition en devenant simples journaliers. On ne saurait déterminer d'une manière générale l'étendue la plus avantageuse des exploitations rurales; elle varie nécessairement suivant la nature du sol, les localités et les genres de culture. Quelques données statistiques pourront néanmoins servir à fournir, jusqu'à un certain point, une idée de la division du sol dans différents pays.

On évalue dans la Russie Européenne l'étendue des terres en labour à 63,146,861 dessiatines. [b]) Le nombre

---

a) Les agronomes les plus distingués, tels que Koppe (Revision der Ackerbau-Systeme), conseillent de ne jamais se borner à un seul genre de culture ni à un seul système de rotation, pourvu que l'étendue du bien-fonds le permette.

b) Androssow statistique économique de la Russie, 1827.

des cultivateurs peut être calculé de la manière suivante, en prenant pour base les données officielles [a]) de la population pour l'année 1829.

Habitants des campagnes payant l'impôt .	17,558,898
Habitants des campagnes jouissant d'une exemption d'impôt temporaire. . . .	27,341
Habitants des campagnes ne payant pas d'impôt	467,465
	18,053,714
À déduire sur la 1re classe: colons de Sibérie	18,528
Wogules et Samoyèdes	3,031
Payant l'impôt en fourrures (égalem. en Sibérie)	208,971
Travaillant aux fabriques de l'État . .	208,971
= à celles des particuliers . .	141,392
Domestiques	397,316
Sur la 2ème classe: colons de Sibérie .	1,592
Sur la 3ème classe: en Asie	25,779
Travaillant aux fabriques	86,683
Exilés en Sibérie	9,629
Ne s'occupant pas d'agriculture . . .	247,437
Total	1,348,804
Reste, cultivateurs dans la Russie Européenne	16,704,900.

Ce qui fait à peu près $3\frac{11}{16}$ dessiatines ou $10\frac{1}{10}$ acres par cultivateur, c'est-à-dire moins encore que dans les plus petites fermes anglaises, suivant le tableau de Young (voyez page 5.). Il résulte de ce calcul que la population occupée en Russie de la culture du sol est plus que suffisante, et qu'on peut encourager sans danger pour l'agriculture la tendance qui se manifeste vers l'industrie manufacturière.

Le rapport que nous avons indiqué varie suivant les

a) Journal du Ministère de l'Intérieur, année 1831.

gouvernements. On comptait par exemple en 1821 dans les gouvernements de: [a])

Riazan . 1,708,859 dessiatines 472,309 \
Toula . 1,888,317 de 446,000 \
Orel . . 2,163,112 terres 506,173 } cultivateurs. \
Woronesch 2,711,828 en 634,719 \
Tambow 2,117,401 labour 594,191 /

En comptant d'après la rapidité de l'accroissement de la population en Russie, 1 naissance par 27 vivants et 1 décès sur 38, le nombre des cultivateurs doit se monter maintenant à environ

Riazan, Toula, Orel, Woronesch, Tambow,
519,037. 590,150. 556,286. 696,519. 643,016.

ce qui fait par tête

3,29 dessiat. 3,85 dess. 3,89 dess. 3,89 dess. 3,29 dess.

dont la moyenne proportionnelle, 3,64 dessiatines, peut être considérée comme exprimant le rapport du terrain cultivé au nombre des laboureurs au centre de la Russie.

Dans les gouvernements de Podolie, d'Ukraine et de Poltava, l'étendue des terres en labour est de 4,736,736 dessiatines, la population agricole de 1,867,360, ce qui ne fait que 2,53 dessiatines par tête.

Les gouvernements d'Ékatérinoslaw, de Kherson et de Tauride comptent 551,602 cultivateurs et 3,600,604 dessiatines de terres labourées, savoir $6\frac{1}{2}$ dess. par tête.

Les gouvernements d'Astracan et du Caucase et les pays des Cosaques du Don et de la mer Noire comptent environ 86,790 cultivateurs et 489,000 dessiatines de terres labourées. [b]) Les 20 gouvernements du centre du 50ème au 55ème de latitude 29,812,915 dess. et 9,939,475 cultivateurs, les 14 gouvernements situés du 55ème au 60ème de latitude 18,279,536 dess. et 4,934,050 agriculteurs. Les 4

---

a) Voyez la statistique des Gouvernements administrés par le Général Balachef.

c) Androssow l. c.

gouvernements du Nord et de la Finlande environ 1,213,576 dess. et 783,142 cultivateurs, ce qui fait $5\frac{7}{10}$, $3,3\frac{7}{10}$ et $1\frac{1}{2}$ par tête. [a])

L'étendue moyenne des propriétés peut s'évaluer en divisant l'étendue du territoire en culture par le nombre des propriétaires. Le nombre des individus possédant la noblesse héréditaire a été calculé à 148,330 (à l'exclusion des femmes), ce qui fait, en supposant la famille de 5 personnes des deux sexes, 59,332. Comme la noblesse dispose d'environ 10 millions de cultivateurs ou 38 millions de dessiatines (en comptant $3\frac{4}{5}$ dessiatines par tête), on peut supposer environ 633 dessiatines et 116 cultivateurs par famille noble. Mais il existe un grand nombre de propriétaires qui ont à disposer de moins de 100 cultivateurs; il doit donc déjà régner une inégalité assez considérable dans la distribution du terrain.

L'Autriche contient selon Lichtenstein 4219 milles carrés ou 19,555,065 dessiatines de terres labourées. Le nombre des cultivateurs peut se calculer de la manière suivante:

L'ancienne Autriche comptait habitants, cultivateurs.
donc

D'après le recensement de 1818:	$4,250,000\frac{2}{7}$	$=1,214,286$
La Bohême et la Moravie .	$5,026,000\frac{2}{9}$	$=1,116,888$
La Galicie	$3,760,000\frac{2}{5}$	$=1,504,000$
La Hongrie, la Transylvanie, le Littorel	$10,939,000\frac{5}{13}$	$=4,207,345$
La Lombardie et Venise .	$4,097,000\frac{4}{19}$	$=\ \ \ 862,524$
	Total	$8,905,043$

augmentation probable en 14 années en comptant 1 nais-

---

a) Ces calculs de population agricole ont été faits d'après les données de population générale contenues dans la statistique de Mr. Arsénieff de l'année 1818, déduction faite de la population des deux Capitales; le nombre des mâles relativement au total a été calculé dans le rapport de 11 à 21; celui des agriculteurs aux mâles dans celui de 167 à 220; enfin l'accroissement depuis 1818 selon le rapport sus-indiqué.

sance sur 28 vivants et 1 décès sur 36 $=$ 936,000. Total 9,841,043 cultivateurs ou 2 dessiatines ($5\frac{1}{3}$ acres) par cultivateur.

La noblesse a été calculée à 475,000 âmes, mais comme le Tiers-état a aussi le droit de posséder des biens-fonds, on peut évaluer le nombre des familles propriétaires (en comptant cinq individus par famille) à 100,000, ce qui fait $195\frac{1}{2}$ dessiatines et 98 cultivateurs pour chacune. Le taux moyen de la propriété paraît donc être moindre qu'en Russie.

En Prusse on évaluait en 1818 le nombre des cultivateurs à environ 3,500,000, ce qui en ferait aujourd'hui 3,864,000[a]). En supposant que plus du tiers du pays consiste en terres labourées, (en Autriche c'est le tiers) on pourrait en calculer l'étendue à 1,700 milles carrés environ ou 7,879,500 dessiatines, à peu près 2 dessiatines par cultivateur. Ce rapport varie beaucoup d'une province à l'autre; dans le Grand-Duché du Bas-Rhin la population est fort nombreuse et la propriété excessivement morcelée.

La France possède[b]) 26,705,000 hectares de terres en labour (y compris les vignobles) répartis en 12,791,000 propriétés différentes, ce qui fait $2\frac{1}{16}$ hectares ou environ 2 dessiatines pour chacune; mais comme beaucoup d'individus ont des propriétés dans différentes communes, on ne peut évaluer le nombre des propriétaires qu'à 8 ou 9 millions, ce qui fait moins de trois dessiatines par tête[c]). Aussi Say avoue-t-il lui-même que la propriété y est trop morcelée[d]). — 16,900,000

---

a) Voyez les statistiques de Stein et de Demian.

b) Purchet statistique de la France. Benzenberg Kataster.

c) Blanqui l'évalue même à environ dix millions.

d) Cours complet d'économie politique T. II. ch. V. — On sait que pour obvier aux inconvénients du morcellement, les petits propriétaires s'associent souvent pour affermer en commun leurs terres à un fermier, et travaillent ensuite en qualité de journaliers sur leurs propres propriétés et pour le compte de leur fermier. L'exiguïté de leurs propriétés rendant l'exploitation de chacune d'elle, prises séparément, peu profitable, ils sont obligés de l'abandonner à des tiers qui leur paient, outre le fermage, le prix de la main-d'œuvre.

habitants vivent d'agriculture, savoir, en évaluant les femmes à la moitié de ce chiffre, 1 cultivateur sur $3\frac{1}{26}$ hectares (près de 3 dessiatines).

Selon Colquhoun, l'Angleterre proprement dite a 30 millions d'acres de terrain cultivé, l'Écosse 12 millions, l'Irlande environ 7 millions. Dans les deux premiers pays 895,998 familles vivaient d'agriculture selon le recensement de l'année 1811, chiffre qui s'élèverait maintenant à à peu près 1,360,000, ce qui fait, en comptant $2\frac{1}{2}$ individus mâles par famille, $12\frac{1}{3}$ acres ou $4\frac{2}{3}$ dessiatines par cultivateur. Il appert de ce calcul que dans le pays classique de l'économie rurale la proportion des cultivateurs à l'étendue du terrain est infiniment moindre que dans tous les autres que nous avons cités, où l'agriculture est beaucoup moins avancée. La population manufacturière, il est vrai, est en revanche devenue trop nombreuse pour trouver facilement de quoi vivre, mais cette circonstance ne prouve qu'un excédant général de la population sur les moyens économiques du pays, et ne saurait fournir un argument contre l'avantage qu'il y a à éviter l'accroissement excessif du nombre des cultivateurs et le morcellement des propriétés. Encore Bell juge-t-il un grand nombre de fermes anglaises beaucoup trop petites. Il en existe en effet de 30, 40, 50 acres. Le nombre des grands propriétaires dans toute la Grande-Bretagne (savoir les Pairs et le reste de la noblesse, les Knights, les Esquires etc.) était en 1811 de 47,177 chefs de familles, celui des petits propriétaires ou des francs-tenanciers de 280,000, en tout 327,177, ce qui ferait aujourd'hui 376,881 ou $111\frac{2}{3}$ acres par propriétaire.

Colquhoun compte en Irlande 337,227 familles s'occupant d'agriculture, chiffre qui se monterait aujourd'hui à 388,351, faisant 970,875 cultivateurs, à 7 acres par tête — proportion plus forte qu'en Prusse et en Autriche.

L'avantage des cultures de moyenne grandeur une fois reconnu, il est évident qu'on ne saurait se l'assurer qu'en les déclarant indivisibles pour en empêcher le morcellement progressif. Il faut donc en défendre la vente par partie, ainsi que le partage en cas de succession: le principe de l'indivisibilité devra régler le mouvement et la transmission des biens-fonds tant entre vifs qu'en cas de décès du propriétaire. Afin d'éviter et les partages et les agglomérations excessives, il faudra fixer pour l'étendue des biens déclarés indivisibles un maximum et uu minimum, en calculant ce dernier d'après le taux moyen le plus favorable à l'économie rurale. Il faudra aussi en prévenir la réunion par des mariages, en obligeant les filles qui se trouveront posséder un bien de ce genre à le vendre, si elles épousent le propriétaire d'une autre bien-fonds également indivisible, ou en ordonnant qu'au moins après la mort des deux époux, leurs biens seront séparés, lors même qu'ils ne dépassent pas le maximum fixé par la loi[a]).

Ces mesures maintiendront la propriété territoriale au taux le plus favorable à l'agriculture: elles régleront son existence dans l'espace. Il est évident qu'elles ne sauraient être appliquées avec succès à l'industrie manufacturière. Les grandes fabriques offrent sans doute des avantages considérables sur les petites, mais ces avantages dépendent des qualités individuelles de l'entrepreneur, de son habileté, de ses connaissances et de ses goûts. Un propriétaire qui ne veut ou ne sait pas administrer lui-même, trouve facilement un fermier qui s'en charge et lui paye une rente considérable; car dans un pays où fleurit l'agriculture, la concurrence parmi les fermiers est grande, beaucoup d'individus aiment à se vouer à ce genre d'industrie qui offre en lui-même beaucoup d'agréments et promet un revenu constant et assuré. Le possesseur d'une manufacture au contraire ne rencontre pas aisément un remplaçant qui possède les connaissances spéciales précisément nécessaires à la gestion de son établissement; il

---

a) Des mesures de ce genre ne paraissent avoir été prises qu'en Portugal. V. Chap. IX. et XI.

trouve encore plus rarement un acheteur qui l'en débarrasse. — Il sera donc obligé d'en continuer l'exploitation
malgré lui, et il n'y réussira guère, car le principe de
la spécialité, qui domine toutes les entreprises manufactu-
rières, exige non-seulement des connaissances spéciales,
mais encore un goût et une vocation décidés. Il faut
donc lui permettre de diviser, c'est-à-dire de vendre en
détail les bâtiments, les instruments, les matières premières,
et d'en employer le provenu comme bon lui semble.

La nature profondément différente des fortunes mobilières et immobilières appert encore mieux de la manière
dont elles existent dans le temps. Soumises à toutes les
chanches d'une industrie souvent hasardeuse, les premières augmentent et diminuent rapidement. — Les immeubles
au contraire conservent pendant un long espace de temps
la même valeur, ils changent peu et ne périssent jamais.
Une égale quantité de travail étant à peu près toujours
nécessaire, malgré les perfectionnements introduits dans
l'agriculture, pour produire une certaine quantité de blé,
la valeur des céréales reste la même à diverses époques,
quoique le prix varie d'année en année suivant l'abondance des
récoltes; aussi le blé-à-t-il été proposé pour mesure générale des valeurs. Tous les efforts de la science n'augmentent qu'insensiblement et dans une faible progression
les progrès de l'agriculture. On cite par ex. comme un
trait surprenant l'accroissement des produits de la terre
de Hofwyl, décuplés par le célèbre Fellemberg[a]). Une
semblable augmentation, obtenue par des années d'un travail soutenu et bien dirigé, paraîtrait-elle extraordinaire
dans l'industrie manufacturière ou dans le commerce?
Qu'on se rappelle l'accroissement prodigieux de la production et des moyens de circulation à la suite de certaines inventions, telles que les machines à filer d'Ark-
wright, les machines à vapeur, les banques, les pyros-

---

a) Say, cours complet d'économie politique 1829. T. V.

caphes, les routes en fer. D'aussi vastes perfectionnements sont impossibles dans l'agriculture. Soustraite en partie aux combinaisons de la mécanique et de la chymie, elle se trouve soumise à la triple action de l'homme, de la terre et du temps. Mais en revanche les mécomptes y sont moins à craindre. On est plus rarement obligé de confier ses capitaux à des mains étrangères souvent infidèles; on n'est point exposé à perdre son débit par quelque caprice de la mode. Aussi la prospérité d'un pays, comme celle des particuliers, est-elle plus solidement établie sur l'agriculture que sur les manufactures et le commerce maritime. L'industrie se plaît à voyager d'un pays à l'autre et s'acclimate facilement à l'aide d'un système de protection bien entendu: témoin l'Allemagne depuis 1818, la Russie depuis 1822, les États-Unis de l'Amérique septentrionale depuis 1824. Croirait-on de nos jours qu'au 16ème siècle les Anglais envoyaient encore leurs draps en Allemagne pour les y faire teindre[a])? N'a-t-on pas vu la mousseline des Indes céder dans l'Indostan même à la concurrence de celle de Glasgow? Le commerce maritime est également sujet à changer de direction. Qu'est devenue la grandeur commerciale des républiques italiennes, des 72 villes Anséatiques, de l'Espagne et du Portugal? Mais les produits agricoles dont la bonté dépend du climat et de la nature du sol, conservent toujours leur supériorité naturelle. La Russie et la Pologne sont depuis le 15ème siècle les greniers de l'Europe occidentale dans les temps de disette.

La propriété territoriale a donc un caractère de constance et d'immutabilité qui manque aux fortunes nées de l'industrie. Elle représente dans la sphère des biens matériels le principe de la stabilité, tout comme la propriété industrielle y représente la vie et le mouvement. S'il lui est seule avantageux de ne pas changer, comme nous

---

a) Gulich, Geschichte des Handels I.

l'avons vu plus haut, ce n'est aussi qu'elle qui en a le pouvoir, elle seule est durable, et peut se perpétuer de génération en génération.

Elle gagne même à rester longtemps entre les mêmes mains, car les améliorations y sont lentes et incertaines. Une possession qui date d'un temps reculé, acquiert par son ancienneté un nouveau charme aux yeux de son maître. Comment l'illustre auteur de l'histoire des Ducs de Bourgogne a-t-il pu prétendre[a]) que le possesseur d'un domaine inaliénable en négligerait l'amélioration? c'est précisément parce que son existence est unie par des liens indissolubles à sa propriété, souvent l'unique source de son revenu, qu'il devra lui vouer les soins les plus assidus. L'argent et les produits de l'industrie manufacturière doivent au contraire circuler sans cesse, afin de toujours se trouver entre les mains les plus habiles à en tirer parti. Plus la circulation sera rapide, plus la production augmentera.

Pour perpétuer la possession des biens immeubles, et en empêcher le démembrement du vivant du propriétaire, il faut les déclarer inaliénables, tout comme il faut introduire la succession par ordre de progéniture pour en empêcher le partage après sa mort.

L'imprévoyance habituelle de la plupart des hommes, leur facilité à sacrifier l'avenir aux exigences du présent, les embarras pécuniaires où l'on tombe si facilement, surtout dans un siècle de luxe et d'extravagance, entraînent les propriétaires à charger leurs biens de dettes, et à les vendre ensuite par parties pour satisfaire à leurs créanciers, à moins que la loi n'y oppose des difficultés insurmontables. La même institution qui prévient le morcellement des propriétés territoriales, en empêche aussi l'agglomération excessive: car dès qu'une partie au moins de ces propriétés est inaliénable, on ne peut plus les réunir par

---

a) Des Communes et de l'Aristocratie, p. 106.

2

des achats successifs, et il est facile d'empêcher les réunions par droit de succession au moyen de dispositions législatives, soit en fixant un maximum, soit en défendant la réunion de plusieurs biens inaliénables et indivisibles sur la même tête. Mais on ne saurait appliquer ce même principe aux fortunes nées de l'industrie qui ne vit que de liberté. La moindre entrave apportée à la libre disposition des biens immeubles et à leur passage d'un propriétaire à un autre rendrait toute entreprise industrielle impossible. La faculté de réunir rapidement tous ses moyens sur un seul point, de les disperser aussitôt, et de les lancer au loin dans toutes les directions imaginables, est ici la condition première du succès.

L'introduction de la succession par ordre de primogéniture est dès lors inutile. À quoi bon soumettre les biens meubles à un principe qui ne doit avoir d'autre but que de transmettre la fortune intacte aux générations futures, lorsque cependant on ne saurait raisonnablement limiter, comme nous l'avons montré, les droits de dispositions des propriétaires [a]).

CHAPITRE III.

DE LA PROPRIÉTÉ TERRITORIALE PAR RAPPORT AU BIEN-ÊTRE MORAL DE LA SOCIÉTÉ.

Désavantages de l'inégalité des propriétés territoriales.

Le bien-être moral de la société dépend des rapports établis tant entre les individus qu'entre les divers

---

a) Montesquieu insiste dans son Esprit des Lois sur la nécessité d'établir le partage par tête dans les républiques commerçantes.

ordres de citoyens. Comme la distribution des fortunes doit nécessairement exercer sur ce bien-être une certaine influence, nous aurons à examiner les principes d'après lesquels se règle la répartition des biens entre les individus comme entre les différentes classes de la société.

Rien de plus dangereux pour la tranquillité publique, ni de plus funeste aux moeurs, qu'une très-grande inégalité des fortunes particulières dans le même État. L'extrême richesse et l'extrême pauvreté ont une puissance corruptrice à laquelle à la longue rien ne résiste. Quoique les progrès de l'industrie amènent une grande inégalité dans les fortunes mobilières, cette inégalité est moins dangereuse que celle des propriétés territoriales, parce qu'elle est moins durable. Les fortunes qui se composent de biens meubles, livrés aux fluctuations de l'industrie, tombent aussi rapidement qu'elles se sont élevées. Il y a sans doute des familles fort riches et des familles fort pauvres, mais elles ne le sont ordinairement que pendant une ou deux générations, et le pauvre a toujours l'espoir de parvenir. Il n'en est pas ainsi des fortunes territoriales. L'acquisition en est difficile, et exige des fonds assez considérables. Une fois réunies en peu de mains, elles peuvent se conserver ainsi pendant plusieurs siècles de suite, et comme dans la plupart des États tant anciens que modernes la propriété territoriale se trouve unie à la jouissance de droits politiques très-importants, l'inégalité n'en devient que plus accablante pour le pauvre. Or nous avons vu que la fondation de biens inaliénables et indivisibles en empêche l'agglomération et par conséquent l'inégalité. Elle prévient cette espèce de despotisme égoïste que les grands propriétaires exercent sur ceux dont l'héritage se trouve réduit presqu'à rien au moyen de partages successifs. L'existence de ceux-ci est toujours précaire, et ils trouvent rarement le moyen d'améliorer leur condition. Ils se prêtent alors à toutes les exigences, à tous les caprices d'un voisin riche qui les dirige dans l'exercice de leurs droits politiques, et acquiert ainsi une influence illégale et souvent pernicieuse sur la marche des affaires. Le pitit propriétaire n'offre donc plus à la société cette garantie d'indépendance et de dignité, qui est la condition de l'exercice bien entendu de ses prérogatives politiques.

Un avantage moral résulte aussi de la perpétuité des biens-fonds dans les mêmes familles; c'est l'influence bienfaisante qu'elles parviennent à exercer peu à peu sur l'esprit des cultivateurs. Les services essentiels que le propriétaire est à même de leur rendre, et ceux qu'il obtient d'eux, font naître une confiance et un attachement réciproques. Le cultivateur s'accoutume à voir dans le propriétaire un protecteur naturel qui agit dans son intérêt auprès de l'administration. À son tour l'administration se sert du propriétaire, toujours attaché au maintien de l'ordre l'égal, pour se faire comprendre de la classe nombreuse des cultivateurs, qui supporte une partie si considérable du fardeau de l'existence sociale. Mais un long espace de temps s'écoule avant que le propriétaire n'obtienne la confiance des cultivateurs que leur position précaire et subordonnée porte naturellement à la jalousie et à la méfiance.

L'ordre social n'a pour ami et pour défenseur que le propriétaire aisé dont l'existence serait compromise par le renversement des lois. Lui seul acquiert par les travaux constants qu'il est obligé de vouer à la conservation et à l'accroissement de sa fortune, des habitudes d'ordre et d'économie; il aime le repos public, car il en a besoin. Lui seul enfin offre à la société des garanties de dignité et d'indépendance. Ces considérations s'appliquent également aux industriels et aux propriétaires fonciers, mais il est évident que parmi ces deux classes de citoyens, si c'est la première qui enrichit davantage la société, la seconde lui offre le plus de sûretés, car la propriété foncière ne se transplante pas, et l'industrie agricole, dépendante des localités, reste toujours attachée au sol sur lequel elle s'est exercée. De là la nécessité de prévenir l'extrême inégalité, et par conséquent la concentration ainsi que le morcellement excessif des propriétés territoriales en les maintenant à un taux moyen qui offre aux propriétaires une existence indépendante.

CHAPITRE IV.

CONTINUATION. DE LA RÉPARTITION DES BIENS ENTRE LES DIVERSES CLASSES DE LA SOCIÉTÉ.

Hiérarchie sociale fondée sur des biens-fonds inaliénables et indivisibles.

Les peuples de l'antiquité chez lesquels le développement de l'industrie a été extrêmement faible, n'ont connu qu'un seul ordre de citoyens, propriétaire de biens-fonds et occupé exclusivement de l'agriculture et du service de l'État. Les arts mécaniques et pour la plupart même le commerce, étaient abandonnés à des étrangers, à des prolétaires ou à des mains serviles. Les plus beaux génies de l'antiquité déclarent[a]) les arts indignes d'occuper les loisirs des citoyens, ils prétendent qu'ils ne servent qu'à leur inspirer l'avidité des richesses et le goût du luxe, à les éloigner du service public, et à corrompre leurs moeurs.

Un semblable état de choses s'établit aussi chez les peuples Germains et Slaves, lorsqu'ils se virent les maîtres de l'Europe et commencèrent à fonder des gouvernements réguliers. Toutes les fortunes consistaient en biens-fonds, et tous les citoyens, jouissant de la plénitude de leurs droits civils et politiques, étaient propriétaires et servaient l'État soit dans les camps, soit dans les conseils et les cours de justice. Mais après quelques siècles écoulés, les

---

a) Plat. Legg. L. VIII. Aristot. Polit. III. 3. VII. 8.

arts mécaniques prirent naissance, puis vinrent le commerce, les fabriques et les manufactures, l'industrie devint une puissance et une puissance conquérante. C'est sur cette base que s'établit, se développa et se consolida le tiers-état. Suivons les conséquences d'un tel ordre de choses.

Séparé désormais de la classe des propriétaires ou de la noblesse qui continue à se vouer au service public, le tiers-état, possesseur des richesses mobilières du pays, n'a d'autre existence que de se lancer sans réserve dans toutes les voies de l'industrie, d'autre but que d'acquérir. Un nouvel esprit, celui des entreprises mercantiles se manifeste dans la société, et y répand partout la vie et le mouvement. La noblesse qui n'a rien à gagner et tout à conserver, y participe néanmoins, et en partage les fruits avec le tiers-état, car le développement de l'industrie manufacturière et commerçante ne peut que tourner au profit de l'agriculture, — mais elle les partage dans une proportion très-inégale. Non-seulement elle cesse d'être seule riche, mais elle devient bientôt comparativement pauvre, car elle ne peut guère augmenter sa fortune, la nature de ses propriétés qui consistent toutes en biens-fonds s'y oppose, et le tiers-état acquiert sans cesse; elle n'est point accoutumée à prendre soin de sa fortune, et le tiers-état s'en occupe exclusivement; elle dépense son bien au service de son pays, et le tiers-état, tout en augmentant la richesse nationale, sert plus efficacement encore ses propres intérêts. Un seul moyen de se soutenir semble s'offrir ici aux propriétaires, c'est l'accroissement de la production agricole au moyen du développement scientifique de l'économie rurale, accroissement qui paraît devoir compenser en quelque sorte celui de l'industrie manufacturière. Mais l'emploi de ce moyen trouve bientôt ses bornes. — La consommation des fruits de la terre resserrée dans d'assez étroites limites, n'augmente pas aussi rapidement que la production. Les créations aussi variées que brillantes des arts, en satisfaisant à tous les goûts du luxe et de la vanité, attirent les ache-

teurs, au grand désavantage des humbles produits de l'gri-
culture, les prix de ces produits baissent, l'argent devient
tout-puissant, et la noblesse voit sa situation économique
empirer de jour en jour. L'appauvrissement progressif d'une
nombreuse classe de citoyens, ne saurait être vu avec in-
différence. S'attaquer au tiers-état et à l'industrie, et
essayer de les replonger l'un et l'autre dans le néant,
serait prendre une mesure à la fois injuste et insuffisante,
car l'industrie renaîtrait bientôt de ses cendres, et le tiers-
état avec elle. Les sociétés modernes ne sauraient se
passer aujourd'hui ni de l'un ni de l'autre. Reste donc
un seul moyen. Puisque la noblesse ne saurait plus
acquérir, il faut la mettre à même de *conserver;* puisqu'elle ne saurait augmenter ses fortunes territoriales, il
faut limiter le nombre de ceux qui y participent. On fixe
de cette manière la situation économique de la noblesse,
on assure pour l'avenir aux familles la jouissance des biens
qu'elles possèdent actuellement. Á cet effet il faut rendre
les biens-fonds à la fois *indivisibles* et *inaliénables*: l'un
et l'autre est nécessaire pour mettre une barrière à
l'appauvrissement des familles nobles. La tentation d'échanger sa propriété contre de l'argent est quelquefois si
forte, qu'il ne faut rien moins qu'une loi expresse pour
s'opposer à son influence, et cette loi sera d'autant plus
bienfaisante qu'ordinairement, lorsqu'on vend son bien par
l'effet d'une tentation semblable, on ne garde pas longtemps l'argent qu'on en a retiré.

Deux ordres de succession, opposés dans leur principes
comme dans leurs conséquences, règnent dès lors dans
l'État. Parmi la noblesse, les fils aînés succèdent dans
les biens déclarés indivisibles et inaliénables, les cadets
et les filles succèdent par parts égales ou inégales, selon
le génie de la nation, dans les autres biens héréditaires,
les acquêts et les biens de la mère. Dans le tiers-état,
le fils aîné ne jouit d'aucune prérogative. Dans la noblesse règne par conséquent le principe de l'unité, dans

le tiers-état le principe de la division. L'institution de
biens inaliénables acquiert ainsi un nouveau et un très-
haut degré d'importance. Elle cesse d'être une conception
purement financière et économique, elle devient une loi
d'organisation sociale. Elle rétablit l'équilibre rompu entre
deux ordres également essentiels au bien-être et à l'existence de la société. Elle place chacun d'eux dans la
situation qui lui est propre, et en en assurant la durée par
un ordre de succession sagement combiné, elle assure aussi
pour de longues générations la paix et la concorde entre
les différentes classes de la nation. Considéré sous se point
de vue, elle est plus qu'utile, elle est nécessaire.

L'expérience a en effet suffisamment démontré qu'une
hiérarchie sociale est indispensable au maintien de l'ordre.
Or malgré l'opinion du savant auteur de l'histoire des Ducs
de Bourgogne[a]), une pareille hiérarchie ne peut être fondée
d'une manière durable que *sur les lois de succession.* Par-
courez les fastes de toutes les nations, compulsez les témoignages de tous les historiens, vous trouverez partout
où a régné un ordre de choses solidement établi, le pouvoir appuyé sur la propriété et les prééminences sociales
fondées sur une base matérielle. C'est que dans l'ordre
moral comme dans l'ordre physique toute supériorité purement factice ne saurait durer: la balance finit toujours
par pencher selon les poids qu'on met dans ses bassins.
Comme la propriété seule offre à la société des garanties
naturelles de dignité, de lumières et d'indépendance, et
que ressentant sans cesse le besoin de la protection de
l'ordre légal, elle est fortement attachée à son maintien,
la propriété, a été dans les Etats bien ordonnés, la mesure des fonctions ou des prérogatives politiques[b]). Il est

---

a) Des Communes et de l'Aristocratie. p. 108.

b) Faussement appelées des droits — ce qui a donné lieu à bien
des confusions en théorie et à bien des désordres dans la vie sociale: on a cru pouvoir réclamer à titre de droit inhérant à la na-

de toute impossibilité qu'un ordre qui se serait appauvri en devenant trop nombreux, conserve sa place dans la hiérarchie sociale. Le maintien de ses prérogatives dépendra toujours à la longue de celui de sa considération, et sa considération de sa fortune[a]).

La création de biens inaliénables et indivisibles empêche l'appauvrissement des propriétaires en en limitant le nombre, mais quel avenir réserve-t-elle aux exclus, c'est-à-dire aux puînés, lorsque l'indivisibilité est fondée sur le droit de primogéniture? La loi doit nécessairement leur assurer une pension alimentaire qui, pour être réglée suivant un principe fixe et d'une manière équitable et proportionnée au montant des fortunes, pourra se composer des intérêts d'une quote-part de la portion qui serait revenu aux puînés ab intestat, par ex. du tiers de cette portion, en donnant à chaque fille la moitié de la somme allouée à chacun des frères. Car la difficulté croissante des mariages, surtout parmi une noblesse qui a peu l'espoir d'acquérir, et le goût du célibat, plaie inévitable de la civilisation, ne permettent guère de conserver la trop grande inégalité établie entre les deux sexes par les lois de succession de quelques pays, datant encore d'une époque où les mœurs étaient infiniment plus simples. [b]) Il serait même possible de faire capitaliser la rente à payer et d'en.

---

ture de l'homme, ce qui n'est qu'une mesure d'utilité générale, déterminée par les circonstances.

a) On ne saurait, d'après ce principe, assez applaudir à la sagesse des dispositions législatives prises récemment en Russie à l'égard du vote collectif introduit pour les propriétaires dont le bien n'atteint pas le minimum fixé par la loi.

b) Une loi qui assigne aux filles et aux veuves une quote-part invariable de l'héritage, par ex. $\frac{1}{7}$, $\frac{1}{14}$, $\frac{1}{3}$, est sujette à des inconvénients palpables dans l'application. Il vaut mieux fixer la proportion *relative* de l'héritage des deux sexes, de manière à ce que les quote-parts varient suivant le nombre des ayants droit. De cette manière l'égalité proportionnelle est toujours observée, et le but de la loi atteint; le calcul seul est un peu plus difficile.

solder tout le principal aux ayants droit moyennant un prêt fait au propriétaire du majorat par les établissements de crédit de l'État. Lorsque ceux-ci se font payer, outre les intérêts, un amortissement annuel, le propriétaire se débarrasse insensiblement et sans efforts de cette dette, pourvu qu'il administre sagement. Supposons, pour avoir égard même à des chances défavorables, un propriétaire possesseur d'un bien médiocre, et ayant cinq enfants, trois fils et deux filles. Ce bien étant partagé suivant les lois ordinaires, tous les propriétaires seront pauvres, ou si un seul des fils le garde et qu'il paye à ses frères et sœurs un capital correspondant à leurs parts et emprunté par lui à quelque établissement de crédit, il se trouvera à demi ruiné. S'il ne paye en effet que les intérêts, en y employant une partie de son revenu agricole, il ne parviendra guère à amasser le capital qu'il doit rembourser; si au contraire il paye aussi un amortissement successif, il sera extrêmement gêné, car à moins de circonstances particulièrement favorables, les revenus agricoles maintenant ne dépassent pas de beaucoup le taux de l'intérêt. Mais, dans le cas où son bien est déclaré indivisible, il n'aura à payer à sa mère et à ses frères et sœurs que le tiers de la valeur, ce qu'il pourra faire sans trop de difficulté.[a]) Il vivra en propriétaire, tandis que ses puînés se lanceront dans les vastes et nombreuses carrières de l'industrie, et le petit capital qu'ils auront à recevoir de leur aîné aidera aux frais de leur établissement. La nécessité vaincra les préjugés qui pourraient s'y opposer, et les propriétaires de majorats, sachant d'avance que leurs puînés doivent se

---

a) Voici le calcul à faire: A, représentant l'héritage, et X la part d'une fille, $2X$ celle d'un fils ou de la veuve (double de celle d'une fille suivant les lois russes)

$$A = 2X + 2X + 2X + X + X + 2X, \text{ donc } X = \tfrac{1}{10}A.$$

Les puînés et les femmes ne recevant que le tiers de leur portion $A = \tfrac{1}{15}A + \tfrac{1}{15}A + \tfrac{1}{30}A + \tfrac{1}{30}A + \tfrac{1}{15}A + \tfrac{10}{15}A.$ Ces $\tfrac{10}{15}$ sont la part nette de l'aîné.

vouer à l'industrie pour vivre, les y prépareront dès l'enfance. Ils leur donneront une éducation analogue, les
accoutumeront à chérir et à respecter un état qu'ils
doivent un jour embrasser, et leur aideront pour leur
établissement.

Rien de tout cela n'a lieu tant que l'égalité des partages place tous les fils dans la même condition. Tous
cherchent à vivre en propriétaires, tandis qu'aucun n'est
en état de le faire; tous méprisent l'industrie, parce qu'aucun n'y est préparé; tous briguent des places qu'on est
obligé de leur accorder par commisération pour leur manque
de ressources. Cette dernière circonstance entraîne de
grands inconvénients: il faut multiplier les places outre mesure, et surcharger ainsi les finances de l'État; il faut en
pourvoir des gens souvent peu propres à les remplir, ce qui
rend le gouvernement odieux et une bonne administration
impossible. C'est aussi par ces motifs que dans le cas
d'institution de majorats, les cadets de famille ne doivent
pas compter principalement sur des places ou sur des bénéfices ecclésiastiques pour se soutenir, ainsi que c'était
le cas dans l'ancienne France, en Italie et en Espagne.
Il en résulte un système de sinécures séculières et ecclésiastiques extrêmement onéreux au pays, qui avilit et cor-
rompt une partie de la noblesse en la plongeant dans une
funeste oisiveté, et finit par rendre odieux le gouvernement
et l'Église qu'on considère comme n'ayant pas d'autre
mission que de protéger les abus et de favoriser le privilége aux dépens des intérêts généraux. C'est sur un
semblable état de choses que tombent la plupart des objections que les économistes ont élevées contre la création
de biens inaliénables et indivisibles. L'établissement de
sinécures nombreuses et richement dotées serait d'ailleurs
impossible dans un pays où, comme en Russie, le nombre
des employés surpasserait déjà les besoins de l'État, et ne
permettrait pas de les retribuer d'une manière convenable.

Les cadets de famille devront donc nécessairement se

vouer à l'industrie, ce qui a lieu pour la plupart en Angleterre, quoiqu'il y existe aussi beaucoup de sinécures.

Ils augmenteront ainsi le nombre des industriels, et cela serait fort salutaire dans un pays qui en manquerait, et où en outre l'industrie enrichie aspirerait ordinairement à sortir de sa condition. Ils y apporteront le tribut des lumières acquises par une bonne éducation que la situation aisée de leurs parents aurait pu leur faire partager avec leurs aînés. Le développement industriel de la nation y gagnera, et cette division des mêmes familles en propriétaires fonciers et en industriels formerait entre ces deux classes des liens indissolubles et renouvelés à chaque génération. Appartenant à des conditions différentes, les membres d'une même famille apprendront à estimer celle où ils trouveraient un proche parent, souvent un frère; la jalousie et l'aveugle antipathie, qui règne ordinairement entre les deux classes, céderaient à des sentiments différents, et il en résulterait l'union et la concorde qu'on a vu régner entre elles en Angleterre.

La France a fourni un exemple différent. Une noblesse dégradée par l'oisiveté et appauvrie par sa multitude, est tombée victime de la haine publique et a entraîné dans sa chute l'autel et le trône.

Pour éviter le morcellement excessif de biens-fonds, il ne suffit pas de fixer un maximum pour les partages tant en cas de succession que de vente. Le propriétaire se trouverait alors précisément dans la position que nous avons indiquée plus haut; obligé de fournir à ses cohéritiers leur part en numéraire, il se verrait grevé d'une dette dont le poids l'écraserait.

L'appauvrissement et par conséquent l'avilissement d'une noblesse purement propriétaire ou occupée du service public, est inévitable dès qu'elle devient trop nombreuse, et que règne l'égalité des partages: dans les pays où la division de la nation en classes est la base de son état politique, cette décadence progressive et inévitable du premier ordre de la société, doit amener des conséquences faciles à prévoir, mais peut-être un jour difficiles à empêcher. Vous ne sauriez enrichir les propriétaires fonciers; bornez-en donc le nombre, obligez-en une partie à abandonner une existence sans avantage réel pour la société comme pour eux-mêmes, et à entrer dans la carrière de l'industrie, des sciences et des arts: vous favorisez ainsi le développement intellectuel et matériel de la nation; vous augmentez considérablement son bien-être, et vous donnez comme une nouvelle noblesse à l'État, en conservant la dignité de celle qui existe.

Mais que dis-je, obligez? Permettez, autorisez seulement les pères de famille à assurer pour leur propre compte et lorsqu'ils le désirent, la dignité et l'honneur de leur famille, en y fondant une primogéniture: par là vous ne blessez personne, et vous vous conformez au véritable esprit de l'institution des majorats, qui doit être *facultatif*, ce que nous développerons avec plus de détail au chapitre XI.

CHAPITRE V.

CONTINUATION. DE L'INFLUENCE DES MAJORATS SUR LES MŒURS.

Dangers de l'industrialisme.

Les avantages politiques qui résultent pour la société de l'existence d'une noblesse propriétaire et fondée par conséquent sur la possession perpétuelle et assurée de biens-fonds indivisibles, sont assez reconnus pour que nous puissions nous dispenser de les traiter. L'esprit de parti a seul pu les méconnaître; et ils ont trouvé, même à une époque de fausse philosophie et de mauvais systèmes politiques, en Montesquieu un illustre défenseur. Une noblesse propriétaire et vouée principalement au service public, qui n'est avide que des distinctions et des pouvoirs qui dérivent de l'État, qui place en lui toutes ses espérances, et dont l'existence entière est intimement liée à celle du gouvernement, a de tout temps été reconnue comme l'élément conservateur de l'existence sociale, comme le plus ferme appui du bon ordre et de la tranquillité. Pour accomplir cette haute mission, elle doit former le premier ordre de l'État; elle doit donc pouvoir soutenir son rang, sans lui tomber à charge, et s'appuyer de la considération que donne non pas une grande fortune, mais une fortune assurée. Accoutumée à préférer les honneurs aux jouissances du luxe, elle n'a pas besoin de richesse, mais d'une honnête aisance. Or si l'on reconnaît que le seul moyen de la lui assurer, c'est de la fonder sur des biens-fonds inaliénables et indivisibles, les avantages politiques de cette dernière institution n'ont plus besoin d'autres preuves.

Mais c'est surtout à cause de son influence sur les mœurs qu'elle a été annoncée comme pernicieuse par beaucoup d'écrivains. Et par qui? Précisément par les économistes qui n'ont que trop souvent subordonné au bienêtre matériel de la société tous les intérêts de la civilisation, [a]) ou par les niveleurs politiques qui avaient puisé leurs théories dans la philosophie matérialiste et immorale du 18ème siècle. Le principal reproche fait au système

---

a) Le Cours d'Économie politique de Mr. de Storch fait une exception honorable à cette tendance, due peut-être en partie à la signifation équivoque du mot économie politique. Smith a été plus conséquent en intitulant son ouvrage simplement: De la *Richesse* des nations. — Il en précisait ainsi le but, et en limitant d'avance la carrière qu'il voulait parcourir, il indiquait qu'il existait outre la richesse d'autres intérêts de la société dont il n'entendait pas s'occuper.

de l'indivisibilité sous le rapport des mœurs par Say, [a]) Sismondi, [b]) et d'autres, est celui d'encourager l'oisiveté des propriétaires fonciers, ou des aînés, parce qu'ils sont trop riches, et celle des cadets, parce qu'ils manquent de capitaux nécessaires aux entreprises industrielles. Mais les propriétaires ne seront oisifs que dans le cas d'une concentration excessive des richesses territoriales, à laquelle la législation a le moyen de s'opposer, comme nous l'avons montré, et non pas lorsqu'elles se trouvent retenues à ce taux moyen qui est précisément le plus favorable aux améliorations agricoles. Les propriétaires ne pourront de même se livrer à l'oisiveté, lorsqu'ils appartiendront à un ordre de citoyens, auquel sa naissance fait une loi de s'occuper du service public. Quand aux cadets, l'éducation qu'ils auront reçue, les établissements qu'ils auront pu former du vivant de leurs parents et avec leur aide, et enfin le capital qu'ils ont à recevoir de leurs aînés à la mort de leurs parents, les mettront à même de fournir avec honneur une carrière industrielle. Et n'est-ce pas précisément dans les carrières de ce genre qu'on voit le travail et l'économie amasser, sans autres secours, des biens considérables, et des fortunes colossales s'élever comme du néant? En peut-on dire autant de l'agriculture dont les profits, peu susceptibles d'un accroissement rapide, restent en général toujours au même taux?

Les économistes citent sans cesse l'Italie ou l'Espagne pour prouver les inconvénients du système de l'indivisibilité; que ne citent-ils l'Angleterre pour en prouver les avantages? Sa population n'est-elle pas laborieuse? Les mœurs y sont-elles plus corrompues qu'en France où règne l'égalité des partages? Combien d'hommes d'État célèbres, combien de personnages qui se sont distingués dans les carrières les plus variées, n'y ont pas été des cadets de famille?

---

a) Cours complet d'Economie politique, T. IV. page 279.
b) Histoire des républiques d'Italie, T. XVI. page 441.

Les mœurs ne sauraient au contraire que gagner par la considération dont jouit un ordre de citoyens, pour lequel la richesse n'est pas l'unique source de la considération ni le but principal de l'existence. L'honneur et le dévouement qui préfèrent le bien général aux intérêts de l'amour-propre, sont des sentiments trop précieux en eux-mêmes et trop nécessaires à la prospérité des sociétés pour ne pas devoir être cultivés avec soin et de préférence même à la richesse nationale. Suffit-il à un peuple d'être riche pour être heureux? Le bien-être matériel et l'industrie, nécessaires il est vrai au développement intellectuel et moral des nations, puisque la culture des besoins physiques amène celle de toutes les facultés de l'homme, doit-il donc cesser d'être un *moyen* de civilisation et en devenir le *but*? L'homme n'est-il qu'une machine destinée à produire? Triste conséquence d'une métaphysique matérialiste et d'une morale fondée sur l'amour-propre, les systèmes politiques modernes ont trop négligé ce que la nature de l'homme offre de grand et de sublime; ils ont renoncé à l'action puissante des mobiles désintéressés pour ne prendre leur point d'appui que dans ce que nos cœurs renferment précisément de moins estimable: l'intérêt personnel, sentiment que nous partageons avec la brute, force d'inertie et de répulsion dans la nature, principe de dissolution et non d'organisation, tant dans le monde physique que dans le monde moral. En ne parlant aux hommes que de leurs *droits*, destinés à soutenir leurs *intérêts*, on les isole, on les met en guerre les uns avec les autres, d'autant plus que nous prenons ordinairement nos passions pour nos intérêts, nos volontés pour nos droits. Que ne leur parlez-vous de leurs devoirs envers la société et de la gloire qu'il y a à les remplir? Vous semez partout la méfiance et la haine, vous élevez sur l'opposition systématique des intérêts privés des échafaudages de formes gouvernementales; mais la méfiance dissout, la haine tue, vouz bâtissez sur la boue, et vos édifices politiques, si artistement combinés, tombent au premier souffle de l'orage. Vous n'y avez en effet oublié qu'une chose: c'est le ciment. Sans amour, sans confiance, sans abnégation de soi-même, aucun état social ne peut durer, et plus il y a de liberté dans les formes, plus il faut de cette vertu politique qui résiste à l'action dissolvante d'une indépendance égoïste.

Les anciens, autrefois l'objet d'une vénération sans borne et d'une aveugle imitation, aujourd'hui peut-être trop oubliés, étaient bien convaincus de ces vérités. Jetez un regard sur les pages immortelles de Platon et d'Aristote, résumé aussi fidèle que brillant du génie de la civilisation antique, les droits, les intérêts, y occupent-ils une grande place? La langue grecque n'a pas même de mot pour exprimer le droit, elle lui substitue la justice ($\tau o\ \delta\iota\varkappa\alpha\iota o\nu$), ce qui est bien différent. L'homme, disent ces philosophes, est un être social ($\zeta\omega o\nu\ \pi o\lambda\iota\tau\iota\varkappa o\nu$), il se doit donc sans réserve au bien-être de la société, but de toutes les institutions et base de tous les droits. Le bien-être général doit se trouver dans le bien suprême de l'humanité, qui n'est autre que le bien moral, la vertu: les institutions politiques doivent donc tendre à rendre les citoyens aussi vertueux que possibles [a]). Ce résultat ne saurait être obtenu que par une éducation publique sévère qui, enlevant les enfants dès leur bas âge à la tendresse mal entendue de leurs parents, en forme des citoyens qui ne connaissent d'autre sentiment que l'amour de leur patrie, d'autre occupation que de la servir. De là la nécessité d'une parfaite intelligence entre eux, de la modération de toutes les passions et d'une entière pureté de mœurs [b]), par conséquent la proscription des richesses et de l'industrie [c]), l'établissement d'un gouvernement aristo-

---

a) Plato Legg. I. 630. III. 688. Aristote Polit. I. 1. III. 5.
b) Plato Legg. VI. 757.
c) Ibid. V. 742. VIII. 845. Aristote Polit. III. 3. VII. 8. I. 3.

cratique, pour lequel l'usage modéré de ses prérogatives est, comme on le sait depuis Montesquieu, une condition de l'existence, enfin *l'indivisibilité de toute propriété foncière et la défense de l'aliéner*, afin d'éviter la corruption, les haines et les discordes qui résultent de l'inégalité des fortunes [a]). Ainsi: l'individu dévoué à la société; ses droits, pas seulement modifiés, mais même réglés et définis par l'intérêt général; cet intérêt exprimé par la vertu; la prospérité matérielle ainsi que l'indépendance individuelle sacrifiés aux exigences de l'ordre moral — tels sont les principes fondamentaux de la doctrine politique des anciens: principes dont on ne saurait méconnaître la justesse et ne pas admirer la force et la grandeur, tout en avouant que les conséquences que leurs auteurs en ont tirées décèlent une vue incomplète de la vie sociale, et ne peuvent servir à régler l'organisation d'un grand État.

En recommandant à l'attention des sociétés modernes la mâle simplicité de cet antique système, il ne saurait être question d'en proposer aujourd'hui l'adoption. Nous ne songeons pas à proscrire l'industrie, cette mère féconde des richesses des peuples et *d'une grande partie* au moins des avantages que leur offre la civilisation. Mais nous redoutons l'industrialisme effréné qui, lorsqu'il gagne toutes les classes de la société, porte partout la soif d'acquérir, fait considérer le bien-être matériel comme le but suprême de l'individu et de la société, les égare et les dégrade ainsi l'un et l'autre. Augmentant outre mesure et la production et la concurrence, il amène à la longue un excédant nuisible de la production sur la consommation, l'engorgement des marchés, la stagnation de l'industrie, les banqueroutes, un malaise généralement répandu parmi les classes productives, enfin par la baisse des salaires qui en est la conséquence inévitable, la détresse d'une

---

a) Plato Legg. V.

population ouvrière trop nombreuse, l'affreux paupérisme et les désordres et les crimes qu'il traîne toujours à sa suite [a]). Une concurrence trop étendue démoralise encore d'une autre manière, en ce qu'elle sème entre les producteurs la jalousie et la haine, et qu'elle les force à recourir à des moyens peu honorables, à l'intrigue et au charlatanisme pour supplanter leurs rivaux.

L'existence d'un ordre de citoyens considéré sans se vouer à des occupations lucratives, sera toujours un puissant contre-poids à l'esprit de l'industrialisme. Le principe de l'honneur, il est vrai, dégénère souvent en une soif de distinctions puérile; le dévouement et l'amour de la patrie sont remplacés par l'ambition, mais l'ambition et la vanité ont souvent fait faire de grandes choses; forcées de chercher dans des services rendus à la société le moyen de se satisfaire, elles n'ont aucune tendance anti-

---

a) Nous ne saurions nous ranger de l'opinion de ceux qui ne croient pas à la possibilité d'un excédant prolongé de la production sur la consommation; les grandes crises commerciales dont les pays les plus industrieux de l'Europe, et surtout l'Angleterre, ont été le théâtre depuis la paix générale nous semblent une preuve évidente du contraire. Un pays accoutumé à fournir l'univers entier de ses manufactures, peut-il ne pas s'allarmer sur sa situation, lorsqu'il voit ses débouchés réduits par la concurrence de presque toute l'Europe? Il est bien des circonstances qui pendant longtemps peuvent forcer de produire à perte. Passe-t-on facilement d'une branche d'industrie à une autre, quand toutes paraissent encombrées, et que les prix de *tous* les principaux produits baissent de moitié? (Savoir en Angleterre, selon l'ouvrage de Mr. Kayley — Essais on commerce. 1830. — les cotonnades depuis 1814 à 1828 de 56 p$^o f_o$, les soieries de 52 p$^o f_o$, les étoffes de lin de 42 p$^o f_o$, celles de laine de 40 p$^o f_o$, les objets en acier de 34 p$^o f_o$.) L'augmentation de la production n'offre des avantages réels que lorsqu'elle est accompagnée d'une extension de débouchés que le bon marché des marchandises n'obtient pas toujours. La consommation a des bornes qui sont autant de limites à la production. Lorsqu'elle diminue rapidement, l'équilibre entre la production et la consommation a peine à se rétablir, et la nation se trouve dans un état de souffrance qui peut durer longtemps et amener des crises terribles.

sociale. L'industrie qui vise à la richesse a plus d'une fois, sans doute, produit des effets également salutaires, mais elle engendre une avidité, un égoïsme qui nous isolent au milieu de la société, nous mettent comme en guerre avec nos semblables, et sapent à petit bruit les fondements de la morale et de la concorde publique. L'ambition peut être grande et généreuse; l'industrialisme se traîne toujours dans la poussière des biens matériels. Le principe de l'honneur assure la dignité morale de la société, il ennoblit et embellit son existence; l'industrie la fait vivre physiquement. — Qu'elle s'en tienne là sans prétendre l'envahir toute entière. Le principe de l'honneur est préférable à celui de l'industrie comme l'âme l'est au corps. Un homme sage ne négligera pas ses besoins physiques, mais il les subordonnera à ceux de l'intelligence: une société bien organisée en fera autant.

Lorsque l'État compte dans son sein un certain nombre de familles aisées, dans lesquelles il est sûr de pouvoir recruter au moins une partie de ses employés, les garanties morales et intellectuelles que lui offrent ces employés augmentent. Parmi les chefs de famille, ceux qui sont propriétaires d'une fortune considérable, peuvent être destinés à remplir les fonctions qui exigent de la dépense. L'épargne qui résulte de cet arrangement permet d'augmenter les traitements, non pas des autres places, mais des employés pauvres, lorsqu'ils les remplissent, ce qui les met à l'abri de la tentation. L'indivisibilité des propriétés territoriales semble ainsi devoir exercer une influence salutaire sur le moral des employés du gouvernement. Lorsqu'ils sont des cadets de familles nobles, dans lesquelles l'ordre de primogéniture est établi, ils se trouveront au moins avoir reçu une bonne éducation, car leurs parents sont assez riches pour la leur donner. Peut-être en auront-ils même mieux profité que leurs frères aînés qui auront follement imaginé pouvoir s'en passer. Soit qu'ils se livrent donc à l'industrie ou au service de l'État, cette circonstance ne manquera pas de leur assurer de puissants avantages sur leurs concurrents.

Il existe un grand État où les traitements spécialement affectés aux places les plus éminentes sont comparativement très-faibles, mais où les fonctionnaires qui occupent ces places, reçoivent des pensions considérables, lorsqu'ils ne sont pas assez riches pour soutenir par leurs propres moyens l'éclat de leur rang, et que leurs services sont d'ailleurs de nature à leur mériter un semblable encouragement. Ce système offre de grands avantages; il diminue les dépenses publiques sans empêcher les hommes de talent de parvenir aux premières places, et il entretient parmi eux une émulation salutaire.

CHAPITRE VI.

OBJECTIONS CONTRE L'INDIVISIBILITÉ ET LA PERPÉTUITÉ DES BIÉNS-FONDS.

DU DROIT DE PROPRIÉTÉ.

Ce droit n'est ni absolu ni illimité.

L'institution de biens inaliénables et indivisibles restreint, dit-on, considérablement le droit de propriété, elle empêche les propriétaires de disposer de leurs fortunes, soit pendant leur vie, soit en cas de décès, elle blesse ainsi les droits des individus, et détruit la succession testamentaire. Elle intervertit aussi l'ordre naturel de la succession ab intestat, elle prive les enfants puînés de la portion de l'héritage paternel qui leur revient de droit, et leur enlève tout pour augmenter la richesse de l'aîné.

Nous allons répondre à ces objections dans le même ordre que nous les avons présentées.

Le propriétaire d'un bien inaliénable n'a pas, il est vrai, le droit d'en disposer à son gré, mais cette gène n'est-elle pas contre-balancée par les avantages dont il jouit? s'il ne peut ni vendre son bien ni le grever de dettes considérables, en revanche il est sûr de le posséder tant qu'il vivra, et de pouvoir le laisser ensuite à son héritier légitime. N'est-ce pas grâce à ces mêmes restrictions, qui ont pesé sur ses ancêtres, qu'il se voit lui-même propriétaire? Il n'a eu que la peine de naître pour se trouver dans l'aisance, quelquefois même pour être riche et considéré. Serait-il bien lui-même tenté d'acquérir le droit de disposer librement de son bien, à la condition de le partager avec ses frères? Quiconque veut être sûr que sa propriété reste à jamais dans sa famille, quiconque veut enchaîner ainsi, contre l'ordre habituel des choses, le cours des événements, et commander en quelque sorte à l'avenir, doit sacrifier une partie du présent; il doit se soumettre aux règles dont l'action est nécessaire pour forcer la famille, même malgré elle, à conserver entre ses mains le bien héréditaire.

Ces considérations acquièrent un nouveau degré d'évidence lorsqu'on se rend compte de la véritable nature du droit de propriété, et qu'on examine les bases sur lesquelles il repose. Le droit est comme le beau, le vrai, le bien, une des idées immortelles qui président au développement de l'humanité. Il sert à régler la volonté de même que le bien moral, mais seulement dans la sphère des actes extérieurs, sans s'occuper des intentions de l'être agissant ou des motifs de ses actes: il n'en considère que la légalité et non la moralité. L'idée du droit a une force obligatoire: la conscience nous impose le devoir d'y conformer nos actions, et nous autorise par là à en exiger autant de nos semblables; or il est évident que cette autorité ne saurait s'exercer que sur des actes extérieurs, nous n'avons aucun empire sur les intentions d'autrui. Mais l'idée du droit a-t-elle un fondement réel? Existe-t-il des actes que nous soyons *obligés* d'accomplir, et que nous puissions à notre tour *exiger* de nos semblables? Sans doute, car nous avons une destinée à remplir, nous pouvons donc vouloir tout ce qui est indispensable à l'accomplissement de la carrière qui nous est prescrite. Cette destinée, c'est celle de l'humanité toute entière: le perfectionnement indéfini de nos facultés. Tout ce qui est nécessaire dans ce but, est légitime, est de droit, est exigé par la nature même de l'homme, dont la perfectibilité est le caractère distinctif. Il s'ensuit que l'idée du droit est subordonnée à celle du développement de l'humanité ou du bien général. Lorsqu'il s'agit donc de quelque droit particulier, il faut examiner s'il est conforme au bien général ou non. Mais identifier, comme fait Bentham, le principe du droit avec celui de l'utilité, et prétendre qu'elle ne tire sa force obligatoire que de la sanction de la loi, c'est confondre toutes les idées, avilir la dignité de la nature humaine, et nier l'existence du droit hors des limites de l'État. Le droit précède la loi et n'en dérive pas; il lui prête son autorité morale, et n'en reçoit qu'une force matérielle, une force d'exécution nécessaire pour établir son règne dans le monde visible des actions de l'homme.

L'homme a droit, par le seul fait de son existence et antérieurement à toute législation positive, à l'usage des objets nécessaires au soutien de cette même existence, et qui servent à satisfaire ses besoins tant moraux que physiques. Il a donc droit à l'usage d'une certaine portion des biens matériels que fournit la terre, mais ce droit est encore fort loin de constituer un droit de propriété sur la *substance* qui les donne, car il ne renferme pas la faculté de disposer arbitrairement de la terre elle-même. Le droit de propriété exclusive sur les immeubles est donc *une institution factice* née des besoins de la société, et que celle-ci est libre d'admettre ou de rejeter. On peut même concevoir l'existence d'un État où le droit de propriété individuelle ne se rencontrerait pas, il y a plus, un tel État a existé, et a joué un rôle assez brillant dans l'histoire, c'est la république de Lacédémone. D'après les lois de Lycurgue, tant admirées par les anciens, et qui ont produit des effets si surprenants, les citoyens ne pouvaient disposer en aucune manière de leurs biens, et l'usage même en était très-limité; car ils étaient obligés de livrer une partie de leurs revenus pour subvenir aux frais des repas communs [a]). Si le droit de propriété individuelle peut donc être proscrit par la société, lorsqu'elle le juge nécessaire, à plus forte raison peut-il être restreint dans certaines bornes, dès que l'intérêt général l'exige.

Les motifs qui ont présidé à l'établissement du droit de propriété illimitée et exclusive sont faciles à comprendre et même assez simples pour avoir pu être appréciés dès l'origine des sociétés humaines. L'intérêt personnel est le premier, la sûreté générale l'autre. La communauté des biens en gênait l'usage, et en bornait la jouissance; elle donnait lieu de plus à fréquents différends. Ce double inconvénient, senti dans la modeste enceinte de chaque hutte de sauvage et au sein de chaque famille, devenait plus grave à mesure que les hommes se multipliaient, qu'ils étaient obligés de se séparer, et passaient des simples occupations d'une vie de chasseur à l'état de peuples pasteurs et enfin à l'agriculture. La division des familles exigea la division des biens. Il fallut trouver un principe qui fixât le mode de la répartition des objets matériels parmi les hommes, qui assurât à chacun la possession et l'usage exclusif de certains objets, et qui prévint ainsi le trouble et la confusion inséparables de la communauté des biens. Ce principe n'est autre que le

---

a) Aristot. Politiq. II. 9. Plutarch, in Agide.

droit de propriété, et son but: stimuler *l'industrie* et maintenir la *sûreté publique.* Il devra donc être restreint dans son action toutes les fois qu'elle semble devenir contraire à l'intérêt général qui lui a donné naissance [a]). Telle fut l'opinion des anciens, et de plusieurs d'entre les modernes, de Hobbes, de Grotius, telle est la doctrine sanctionnée par les lois de tous les peuples. Qu'elle est en effet la législation qui n'ait adopté le droit de prescription, droit qui non-seulement limite, mais qui anéantit même les droits de propriété d'un individu, et les fait passer à un autre par le seul laps du temps, et cela afin de rassurer le possesseur effectif de la chose, par conséquent dans l'intérêt de l'industrie et de la tranquillité générale. Des peines ont été prononcées contre ceux qui, faisant un usage inconsidéré de leurs biens, semblaient devoir les enlever à leur postérité: les dissipateurs furent privés des droits civiques par les lois athéniennes [b]), placés sous tutelle par la législation romaine et par celle des modernes; ajoutez à ces dispositions les nombreuses restrictions apportées au droit de propriété par les règlements de police et de douane de toutes les époques, par les lois relatives aux digues et chaussées, à l'exploitation des forêts et des mines, enfin par le principe de la cession obligatoire de toute propriété privée à l'État moyennant une indemnité [c]), et vous pourrez vous convaincre de la vérité de cette maxime, adoptée par toutes les législations: que le droit de propriété est susceptible de modifications infinies, et doit se prêter à toutes celles que le bien général rend nécessaires. Dans l'application il ne s'agit que de comparer les avantages qu'on désire

---

a) Les fruits mêmes du travail n'appartiennent à l'individu qu'à raison de l'usage qu'il en fait, la législation peut légitimement en régler et en limiter l'emploi.

b) Potteri Archaeologia Graeca — Aeschines in Timarchem.

c) Code Civil A. 545.

assurer à la société avec ceux dont il faut priver à cet effet le propriétaire, et les plus considerables doivent l'emporter.

CHAPITRE VII.

CONTINUATION. DE LA SUCCESSION TESTAMENTAIRE.

La faculté de tester n'est pas un droit primitif et absolu.

Pour pouvoir juger la validité des objections élevées contre le droit de primogéniture à cause des restrictions qu'il impose à la faculté de tester, il faut remonter jusqu'aux premiers principes du droit de succession.

Toute propriété suppose un propriétaire, car pour qu'un objet quelconque devienne une propriété, il doit se trouver en rapport avec une personne. Le propriétaire mort, ce rapport cesse, et son bien ne lui appartient plus ni à qui que ce soit; l'intérêt général exige cependant que tout objet matériel soit la propriété de quelqu'un. Le droit des successions n'a d'autre but que de pourvoir à ce besoin en réglant la transmission des biens des morts aux vivants. Faisant partie de la législation des biens, il doit se déterminer par les principes qui la régissent. Ces principes sont, comme nous l'avons vu, le droit de propriété, l'intérêt de la famille, l'intérêt de la société.

Le principe du droit de propriété, conçu même dans sa plus grande extension, ne saurait faire naître un ordre de succession fixe et immuable, parce qu'en vertu de ce principe le sort de l'héritage dépend des volontés arbitraires du dernier propriétaire. Le principe de la propriété ne peut produire d'autre système que celui de la volonté individuelle ni un autre mode de succession que la succession testamentaire. Mais ce principe, quoique destiné à la régler, ne paraît pas encore suffisant pour en établir la légitimité. Car le droit de propriété n'est au fond, comme nous avons essayé de le montrer, qu'une extension arbitraire *du droit de l'usage* exclusif des biens matériels. Or tout usage des choses de ce monde cessant avec la vie, le droit de propriété ne saurait non plus s'étendre au delà de ce terme. Le propriétaire mort, dès le même instant son bien a cessé de lui appartenir, comment donc pourrait-il être fondé à en disposer pour un cas où ce bien n'est déjà plus à lui? Ce serait admettre une contradiction évidente, et contrevenir aux règles les plus simples de la logique.

L'institution du droit de propriété a eu pour but le maintien de la concorde et le meilleur usage possible des objets matériels, savoir l'usage exclusif. Or le maintien de la concorde n'exige pas l'introduction de la faculté de tester, car pour y parvenir il n'y a qu'à fixer d'une manière quelconque le mode de la répartition d'un héritage parmi les survivants. L'usage exclusif des biens ne l'exige pas davantage; le droit d'usage de l'ancien propriétaire qui a cessé avec sa vie, est l'essentiel de la propriété: c'est ainsi que la propriété s'éteint par le défaut d'usage (la prescription), qu'elle est limitée en cas de mauvais usage etc.

Pour pouvoir fonder la succession testamentaire sur un principe de droit, la législation française la considère comme une donation faite à terme ou sous condition, et cette condition, ce terme, c'est la mort du testateur[a]). Mais il est évident que le droit de propriété cessant par le décès du propriétaire, une donation faite pour une époque où celui-ci n'a plus de droit sur la chose ou sous l'empire d'une condition qui anéantit ce droit, n'est pas légitime. Telle est aussi l'opinion du célèbre Leibnitz

---

a) Code Civil A. 711. La propriété des biens s'acquiert et se transmet par *donation* entre vifs ou *testamentaire*.

qui, désespérant de trouver dans l'ordre politique le fondement de la succession testamentaire, est allé le chercher dans l'immortalité de l'âme[a]), comme si la mort, qui fait cesser tout rapport entre nous et le monde matériel, pouvait nous laisser encore propriétaires de quelque objet que ce fût. L'attachement que nous portons aux biens de ce monde, le goût que nous trouvons à en disposer lors même que nous ne saurions en tirer aucune utilité, le plaisir de commander jusque par delà les portes du tombeau, la vanité, la faiblesse, souvent aussi le désir d'accomplir quelque œuvre de bienfaisance, tels sont les motifs qui ont fait naître les testaments, et qui les maintiennent. Les anciens Romains, peuple à la fois avide et avaricieux, avaient une haute idée de l'autorité des dispositions testamentaires. La manière dont ils en font l'éloge vient à l'appui de nos observations. Quintilien par exemple prétend[b]) que c'est en étendant l'empire de sa volonté au delà des bornes de la vie qu'on se console de la mort. C'est donc à l'ambition, à la vanité, que la faculté de tester est redevable des avantages qu'elle possède aux yeux du rhéteur romain. Mais Sénèque observe à cet égard avec bien plus de justesse[c]) que l'homme voue ordinairement le plus de soins aux objets qui ne lui offrent aucune utilité réelle, et l'histoire romaine prouve mieux que toute autre à quelles honteuses manœuvres, à quels crimes mêmes, l'espoir de s'enrichir par un testament peut donner naissance.

La succession testamentaire ne dérivant donc pas d'un droit primitif et absolu, ne peut se fonder que sur des motifs d'utilité générale. Si le droit de propriété lui-même doit souvent céder à des considérations d'un ordre

---

a) Nova Methodus discendæ jurisprudentiæ: Testamenta mero jure *nullius essent momenti*, nisi anima esset immortalis. Sed quia mortui re vera adhuc vivunt, ideo manent domini rerum.

b) Declam. 308.

c) De Beneficiis IV. 2.

supérieur, à plus forte raison la faculté de tester se soumettra-t-elle à des restrictions dictées par le bien-être de la société.

Les motifs qui s'offrent en faveur de la succession testamentaire sont 1°) le puissant encouragement que fournit à l'industrie la faculté de pouvoir disposer à volonté de son bien, même pour le cas où on ne pourra plus en jouir soi-même. C'est un privilége qui flatte notre amour-propre et notre orgueil, une récompense de plus accordée au travail, un nouvel attrait ajouté à la propriété. Il en résulte que la faculté de tester doit être maintenue pour les fortunes mobilières, qui en général s'acquièrent par les efforts d'une heureuse industrie, mais qu'elle ne présente plus les mêmes avantages lorsqu'il s'agit des fortunes territoriales, qui ne doivent ni augmenter ni diminuer dans la même proportion. Voici donc une nouvelle raison de limiter aux biens-fonds la succession par ordre de primogéniture.

2°) Lorsque les liens qui unissent les familles commencent à se relâcher, et que la puissance paternelle diminue, ce qui ne manque jamais d'arriver à certaines époques de l'histoire des peuples, la faculté de tester devient un moyen de relever l'autorité des pères de famille et d'influer sur la conduite de leurs enfants. Le père doit avoir le droit de priver l'enfant ingrat et dénaturé de la portion d'héritage que les lois lui assignent; l'enfant doit en revanche être admis à attaquer par-devant les tribunaux les dernières volontés du père en prouvant la fausseté des inculpations sur lesquelles elles peuvent se fonder. Les testaments deviennent ainsi un puissant soutien des mœurs publiques. Afin d'assurer à la société cet avantage, nous proposerions d'accorder au propriétaire d'un bien inaliénable et indivisible la faculté de déshériter son fils aîné pour des motifs graves et spécifiés dans les lois, et de lui substituer un autre fils ou même à son défaut un parent éloigné.

Si ces considérations suffisent pour autoriser le maintien des testaments, elles ne semblent néanmoins pas avoir présidé à leur établissement. Quoique postérieurs à la succession ab intestat, ce qui est une conséquence de l'organisation partriarcale de la société primitive ainsi que de l'ignorance de l'art d'écrire, les testaments ont pris naissance dans des temps où les intérêts de l'industrie ne pouvaient guère encore régler la politique des gouvernements, et où d'un autre côté la puissance paternelle était trop étendue et trop solidement établie pour avoir besoin d'un appui puisé dans des motifs égoïstes. Chez les Romains par exemple, les testaments existaient déjà du temps des Rois[a]), lorsque les pères avaient encore le droit de vie et de mort sur leurs enfants. Les anciens Germains au contraire, chez lesquels la puissance paternelle était plus limitée, ne connaissaient pas de testaments[b]). Ils paraissent devoir leur origine au besoin de suppléer seulement, à défaut d'héritiers légitimes, à la succession ab intestat, qui fait le fondement de toutes les législations.

Dans l'antique Orient, où, grâce à la polygamie, les héritiers directs ne pouvaient guère manquer, l'ordre de la succession naturelle paraît toujours avoir été rigoureusement observé. La législation de l'Indostan ne connaît point de testaments proprement dits; elle place à côté de la succession ab intestat le partage fait par le père de son vivant et entre ses fils. Le partage des biens héréditaires ne peut avoir lieu que lorsque le père ne saurait espérer de voir s'accroître le nombre de ses enfants, et il doit s'effectuer par portions égales. Les acquêts peuvent se distribuer en tout temps, et le père a le droit d'augmenter la portion de celui d'entre ses fils qui manque de moyens d'existence, ou qui se distingue par sa bonne con-

a) Liv. I. 3. 34.
b) Taciti Germania cap. 20.

duite[a]). Cette distinction entre les acquêts et les biens héréditaires, qui ne se truove dans aucune autre législation de l'Asie, est une preuve du développement que l'industrie et la civilisation ont pris dans l'antique Indostan.

D'après le Ta Tsin L. L. des Chinois[b]) chaque déviation de l'ordre de succession prescrit par les lois est punie de 80 coups de bambou, et l'héritier illégalement désigné par un testament est exclu de la succession par les héritiers légitimes.

L'ancienne législation hébraïque ne permettait pas même un partage inégal entre les fils, à l'exception de la portion double qui revenait à l'aîné[c]). Le Tadmud défend également toute augmentation ou diminution de la part d'héritage assignée aux successeurs légitimes et à plus forte raison toute libéralité en faveur d'un étranger.

Les dispositions par lesquelles un héritage pouvait passer à une famille étrangère, figurent pour la première fois chez les Grecs et les Romains qui ont joui en toutes choses d'une liberté individuelle bien plus étendue que les habitants de l'immuable Orient. Mais il fallait adopter pour son fils, au moins dans les premiers temps, celui qu'on voulait instituer son héritier testamentaire. Le testament était donc un nouvel hommage rendu aux droits des héritiers naturels. La législation athénienne ne permettait une semblable adoption qu'à défaut de fils légitime[d]). Les lois primitives des anciens Romains, moins civilisés que les citoyens de la brillante Athènes, accordaient, il est vrai, au testateur un droit de disposition illimité, mais ce fait ne prouve autre chose sinon la rareté des testaments et la barbarie de l'époque. Car lorsque sous le règne des Empereurs les liens du sang eurent perdu

---

a) Code of Gentoo laws p. 82—85.
b) p. 48. 184. 85.
c) Deut. XXI. 16.
d) Demosth. in Stephanum II.

uue grande partie de leur force, que par conséquent les testaments se multiplièrent, et qu'en même temps la science du droit acquit plus de développement, cette ancienne liberté de tester fut considérablement restreinte. On commença par obliger le testateur à énumérer dans son testament tous les descendants auxquels il prétendait ne rien laisser de sa succession[a]), et on accorda aux descendants négligés (præteriti) la possession des biens malgré le contenu du testament. Plus tard les héritiers directs furent admis à attaquer par-devant les tribunaux les dispositions injustes (testamentum inofficiosum) qui les privaient de la succession, et on finit par en fixer une quote-part qui ne pouvait pas leur être enlevée, à moins de les déshériter pour des motifs déterminés par les lois[b]) (Legitima).

La législation des peuples modernes qui ont vu les richesses mobilières, acquises par le mouvement d'une vaste et puissante industrie, surpasser les fortunes territoriales, s'est exactement conformée aux deux règles que nous avons posées, savoir que la *liberté de tester doit se borner aux acquéts*, et que *le père doit avoir le droit de déshériter un fils coupable d'égarements impardonnables*. Dès que l'usage des testaments se fut répandu parmi les nations d'origine germanique, grâce à l'influence du droit romain, la faculté de déshériter pour motifs légaux, puisée dans le Code de Justinien, acquit force de loi, et fut admise successivement par toutes les législations. L'ancienne loi lombarde[c]) autorise même le père, tout comme la législation de l'Indostan, à agrandir à volonté la portion du fils qui s'est distingué par sa bonne conduite. Le droit de déshériter pour motifs légaux se retrouve dans les nouveaux Codes de Prusse et d'Autriche ainsi que dans les lois russes[d]). A défaut de motifs légaux d'exhérédation,

---

a) Gaji Comm. III. §. 123. Ulp. 22, 4.

b) Nov. 18. 115.

c) II. 20.

d) Ukases du 30. Déc. 1730 et 23. Nov. 1790.

les codes précités et celui de France prescrivent au testateur de laisser à ses enfants une portion déterminée de
l'héritage[a]). Selon les lois des Wisigoths, sur lesquelles
est basée la législation espagnole, le père ne peut employer
que le tiers de son bien à agrandir la portion d'un de
ses fils, il peut disposer du cinquième en faveur d'étrangers; quatre cinquièmes restent donc à ses descendants[b]).
Les lois portugaises permettent de disposer du tiers en
faveur d'étrangers[c]).

L'obligation imposée au testateur de n'employer en li-
béralités que la fortune acquise, se trouve établie par les
lois de plusieurs pays de l'Allemagne et d'autres États de
l'Europe occidentale. L'influence décisive que la législation
romaine a exercée sur celles d'Italie, d'Espagne et de
Portugal n'y a point permis l'admission de ce principe.
Les lois napolitaines[d]) enjoignent toutefois au testateur de
laisser à ses enfants la moitié du bien héréditaire et le
quart des acquêts. Des dispositions semblables se rencon-
treraient bien plus fréquemment encore, si la plupart
des immeubles n'avaient été des fiefs et par conséquent
inaliénables par donation tant entre vifs que testamentaire.
L'obligation de ne disposer que des acquêts se trouve enfin
formellement énoncée dans la législation russe[e]).

C'est ainsi que les témoignages de l'histoire viennent se
joindre aux principes de la théorie pour prouver que la
faculté de tester n'est pas fondée sur un droit primitif et
absolu, que de tout temps l'usage en a été soumis à des
restrictions sévères, et qu'elle ne saurait donc servir d'argument contre la légitimité de la succession par ordre de
primogéniture.

---

a) Code Prussien II. T. 2.; C. Autr. §. 765.; C. civil A. 913.
b) Fuero juzgo IV. 5.
c) Ordenações do Reyno de Portugal. Lisboa 1727. — IV. 82.
d) Consuet. Tit. de success. ex testam.
e) Oulojénié X. 280. XVII. 42. 43. Ukase du 19. Juin 7187
(1679).

CHAPITRE VIII.

DE LA SUCCESSION AB INTESTAT.

Principe de l'unité et de la perpétuité des familles.

De même que la succession testamentaire est la conséquence et comme l'expression du droit de propriété et du principe de la liberté individuelle, ainsi la succession ab intestat, entièrement indépendante des volontés arbitraires du dernier propriétaire, peut être considérée comme l'expression du principe de la nécessité légale ou de la soumission aux exigences d'un intérêt étranger, savoir celui de la famille et celui de la société. Nous avons déjà examiné la question de la succession par ordre de primogéniture sous ce dernier point de vue, il ne nous reste donc qu'à prendre en considération les intérêts de la famille.

Deux principes diamétralement opposés ont présidé au développement des législations ralativement à cet objet: celui de l'unité des familles et celui de leur division. D'après le premier de ces principes la famille ne se sépare pas à la mort du père, elle reste unie sous l'autorité du fils aîné, représentant du défunt et son unique héritier, mais tenu de pourvoir aux besoins des collatéraux. Ce système qui assure la perpétuité des familles et fait bientôt de la famille une tribu et de la tribu un peuple, n'a pu être adopté que chez les peuples pasteurs et dans l'enfance des sociétés civiles. Dès qu'une nation se livre à l'agriculture, la famille est obligée de se séparer, et chaque frère marié s'établit isolément. À mesure que la société se développe, que l'aggrégation des familles se trouve remplacée par l'unité de l'État, que l'empire des rapports purement politiques qui s'établissent entre les citoyens succède à l'influence exercée par les liens du sang, les individus sortis d'une même souche se trouvent placés sous le rapport physique et moral à une plus grande distance les uns des autres; bientôt rien n'est commun entre eux, comment les biens le resteraient-ils? Tout prend peu à peu le caractère de l'individualité, tout se sépare, se divise et tend à un genre d'existence qui lui est propre. Alors s'établit le partage des successions par parts égales et la divisibilité à l'infini de tous les biens: l'unité de la famille est détruite. Mais en supposant un tel système établi pendant plusieurs siècles et poursuivi sans le moindre correctif jusque dans ses dernières conséquences, quel en sera le résultat définitif? *L'État n'aura plus de familles*, il n'aura que des individus: il n'aura plus un certain nombre de propriétaires dont il connaît les moyens, et sur lesquels il peut compter; il se trouvera placé vis-à-vis d'une multitude où, sauf les chances incertaines d'une hereuse industrie, personne ne possède un bien considérable, et où l'état des fortunes s'altère à chaque génération. Appliqué à la noblesse, un tel système en efface la dignité et la force, et détruit jusqu'aux fondements de son existence sociale. Il faut donc songer à se rapprocher du système opposé, celui de l'unité et de la perpétuité des familles. Ce système ne saurait être rétabli que par l'institution de biens-fonds inaliénables et indivisibles qui forment comme le centre commun et le fondement inébranlable de la famille, car dans un pays civilisé on ne saurait en revenir à cette espèce de communauté de biens et d'existences, à ce régime patriarcal par lequel la famille a commencé. Le droit de primogéniture ne crée donc pas un ordre de succession opposé aux intérêts de la famille, puisqu'il offre au contraire le seul moyen de la perpétuer compatible avec l'état d'une civilisation avancée. Si quelques-uns des individus dont se compose la famille en souffrent, c'est pour l'intérêt de la famille elle-même; or dès qu'il s'agit d'une noblesse, la société a besoin de familles plus que d'individus.

4 *

On prétend que les fils cadets ont des titres incontestables à l'héritage paternel aussi bien que leurs aînés, vu que la succession ab intestat est un droit dévolu aux enfants par le seul fait de leur naissance, et dont par conséquent aucun d'eux ne saurait être privé sans injustice. Mais nous avons déjà montré plus haut que l'idée du droit est subordonnée aux exigences du développement progressif de l'humanité et de l'organisation sociale. Presque tous les auteurs se réunissent d'ailleurs à l'opinion énoncée déjà par l'immortelle Cathérine dans son Instruction à la Commission de législation (§. 407), savoir que la succession ab intestat n'est pas une conséquence de la loi naturelle, mais une institution du droit positif dictée par l'utilité générale et susceptible de toutes les modifications qu'exige le bien-être de la société. Le père est tenu d'élever ses enfants, de leur accorder, tant qu'ils sont en bas âge, assistance et protection, de leur donner une éducation qui les mette en état de se maintenir ensuite par leurs propres efforts, mais il n'est pas tenu de leur laisser sa fortune. Telles sont aussi les seules obligations que toutes les législations s'accordent à imposer aux pères à l'égard des enfants considérés comme illégitimes par les lois civiles. Si la succession ab intestat était un droit absolu inhérent à la naissance, à quel titre en priverait-on les enfants issus d'une union illégale? Cette exclusion, qui repose sur les motifs les plus graves, prouve que le droit de succéder est une fiction de la législation positive.

Quelles raisons allègue-t-on pour établir la légitimité absolue de l'ordre de succession ab intestat tel qu'il se trouve réglé ordinairement? La volonté présumée du défunt, laquelle doit se déterminer par le degré d'affection qu'il était supposé porter aux survivants, l'affection se réglant à son tour sur la proximité de la parenté? Telle est en effet l'opinion de Bentham. Mais nous avons montré que la volonté même expresse du défunt ne suffit pas pour fonder un droit de succession, à plus forte raison sa volonté présumée. Passons toutefois cette objection et accordons à la volonté individuelle une entière autorité: parviendrons-nous à établir sur une base si incertaine et si variable un ordre de succession déterminé? Dispose-t-on toujours de sa fortune en faveur des individus qu'on aime le plus? Les affections ne se règlent-elles que sur les liens du sang? La nécessité de pourvoir aux besoins de la génération future, alléguée encore par Bentham, n'a rien d'incompatible avec un ordre de primogéniture sagement combiné. Dès que les aliments sont fournis, ce but est atteint.

Si l'on remonte jusqu'au berceau des peuples, et qu'on cherche à démêler l'origine incertaine et obscure de la faculté de succéder accordée aux enfants, et à en reconnaître ainsi le fondement historique, on voit qu'elle dérive de ce qu'on nomme communément le droit de première occupation, et qu'elle se trouve en harmonie parfaite avec l'état d'une société naissante. Qu'on se représente en effet les familles éparses et errant sur un vaste territoire, séparées par des espaces considérables, ne possédant pour tout bien que quelques objets de ménage ou quelques troupeaux, et l'on concevra qu'à la mort du père les enfants sont non-seulement les premiers, mais même les seuls à prendre possession de son héritage. A qui le défunt pourrait-il désirer le laisser lorsque les familles ne sont unies par aucun lien commun, et que ses affections comme ses habitudes se concentrent dans le cercle étroit de sa hutte ou de sa tente? Les enfants deviennent donc possesseurs de l'héritage parce qu'il n'y a personne qui puisse le leur disputer, et ils le possèdent en commun. L'idée de la propriété exclusive commençant à germer avec les premiers progrès de l'agriculture, ils sont considérés comme les propriétaires légitimes de la succession, car il ne se trouve en effet aucun individu qui y ait plus de droit qu'eux-mêmes. Les lois finissent enfin par sanctionner ce que l'usage avait introduit[a]). Il existe même encore de nos jours au centre de l'Europe un pays, la Slavonie, qui offre le tableau du régime de la communauté de biens. „Chaque famille“, dit un voyageur moderne[b]), „occupe une maison qui renferme quelquefois jusqu'à cent individus. Elle est gouvernée par un chef nommé Hospodar et élu à vie par tous les membres de la famille. Il distribue parmi les hommes les travaux à faire en commun; sa femme, qui porte le titre de Hospodaritza, dirige de la même manière les occupations des personnes de son sexe. Leurs biens consistent pour la plupart en *bétail*. *Propriété de la famille entière*, ils se trouvent sous l'administration du Hospodar, qui est tenu d'en rendre compte annuellement aux autres membres de la famille. Les recettes en numéraire sont employées à satisfaire aux besoins communs, le surplus est partagé. *Mais tout ce qu'un individu quelconque acquiert par son travail particulier* au moyen du commerce ou de quelque autre industrie, lui reste et ne fait point partie des biens de la famille.“ Nous voyons ici l'industrie signalée comme principe générateur de la propriété exclusive et illimitée; de là la distinction admise dans les législations des modernes, comme chez les habitants de la Slavonie, entre les acquêts et les biens héréditaires, en ce qui concerne la faculté d'en disposer, soit entre vifs, soit par acte testamentaire. Le droit d'aînesse continue l'union de la famille, union indispensable dans l'absence d'une société politique fortement organisée. Chaque

---

a) La coutume, la loi, la science et le code forment les quatre époques de la jurisprudence des nations civilisées. Les bornes de notre sujet ne nous permettent pas de développer cette idée, nous observerons seulement que ces quatre époques se rencontrent dans l'histoire de la plupart des peuples, qu'elles sont toutes également nécessaires au développement du droit, et qu'il ne faut en sauter aucune, ne pas songer par ex. à des codes systématiques avant que la science n'ait jeté de profondes racines.

b) Csaplovicz, Description de la Slavonie et de la Croatie. (all.)

famille devant se suffire à elle-même, il lui faut un chef qui la gouverne, et qui sache la défendre et pourvoir à tous ses besoins. Cette autorité politique accordée à l'aîné, cette prééminence sociale dont il jouit, le fait aussi considérer comme seul véritable propriétaire des biens patrimoniaux: ses cadets n'ont droit qu'aux aliments. La succession par ordre de primogéniture paraît donc antérieure au système des partages; les témoignages de l'histoire prouvent qu'elle remonte jusqu'aux temps les plus reculés[a]). Fondée sur les besoins de la société primitive, elle cède à un autre ordre de choses, lorsque le développement ultérieur de la société le réclame; elle devra donc aussi être rappelée lorsque l'intérêt général demande son rétablissement. *L'un et l'autre système sont également légitimes:* il faut choisir selon les besoins de l'époque et du pays où ils doivent régner.

Lorspu'on se trouve dans la nécessité de préférer celui de l'unité, il est néanmoins facile d'adoucir par des mesures législatives le sort des puînés exclus. En bornant la succession par ordre de primogéniture aux immeubles possédés par la noblesse, en en rendant l'introductiou facultative, comme c'est le cas dans la plupart des pays de l'Europe[b]), en permettant à celui qui désire l'établir dans sa famille de n'y destiner qu'une partie de sa fortune et de laisser le reste à ses enfants puînés, en lui ordonnant de leur réserver au moins une quote-part de la portion dont ils auraient dû hériter ab intestat, en imposant enfin aux propriétaires des biens inaliénables et indivisibles l'obligation de fournir à leurs frères et sœurs soit un capital modique, soit une pension alimentaire[c]), l'institution qui fait l'objet de nos réflexions perd une grande partie de

---

a) V. Chap. IX.

b) Code Prussien II. T. 4.; C. civil d'Autriche §. 630; Édit Bavarois du 26. Mai 1818.

c) Codes et Edit précités. — Ukase de Pierre le Grand du 23. Mars 1714.

sa sévérité sans rien perdre de ses avantages. A mesure que les esprits s'y accoutument, la jalousie des fils cadets contre leurs aînés diminue et cède peu à peu au sentiment d'une noble émulation. Moins favorisés de la fortune, quoique rassurés sur leur existence par la pension que la loi leur accorde, ils tâchent de les égaler par les efforts de l'intelligence. Accoutumés dès leur bas âge à ne compter que sur eux-mêmes, et à ne rien attendre que de leurs propres travaux, ils profitent avec plus de soin de l'éducation qu'ils sont à même de partager avec leurs aînés, ils se livrent avec plus de zèle à l'étude des sciences et des arts utiles, se lancent avec plus d'ardeur dans les carrières qui leur offrent des chances de succès, et parviennent enfin à compenser les désavantages de leur naissance par la supériorité du mérite. Plus d'un homme distingué a dû les qualités éminentes qu'il a développées à un concours de circonstances impérieuses qui l'ont arraché au repos, et forcé de conquérir son existence. Les plus beaux génies dont s'honore l'humanité ne sont point nés au sein de l'opulence, et l'histoire n'oubliera jamais que les hommes d'état les plus célèbres d'un pays aussi renommé par ses institutions que par sa puissance ont été pour la plupart des cadets de famille.

CHAPITRE IX.

DE LA LÉGISLATION DES ANCIENS ET DES NATIONS D'ORIGINE GERMANIQUE.

Les premières traces d'une prééminence accordée aux fils aînés se trouvent déjà dans les législations de l'antique Orient. Le système de l'unité a pris naissance sous les tentes des peuples pasteurs de l'Asie, et il se rencontre encore en partie dans les lois des nations qui ont passé à la vie agricole.

Le code de Menu invite les enfants à ne pas se séparer après la mort du père, mais à rester réunis sous l'autorité du fils aîné [a]). Ils leur doivent la même obéissance qu'à leur père, et lors même que sa conduite est répréhensible, ils doivent l'honorer comme un oncle [b]). Le partage de l'héritage paternel est considéré contraire aux bonnes mœurs tant que la mère est en vie, et lorsque néanmoins il a lieu, la portion assignée au fils aîné est plus considérable que celle de ses frères [c]). La législation de l'ancien Indostan distingue même entre les acquêts et les biens héréditaires, et désirant perpétuer la possession de ceux-ci dans les familles, elle en défend l'aliénation sans le consentement des fils du propriétaire [d]). Les filles sont exclues de la succession paternelle par les fils et par leurs descendants jusqu'au 4ème degré où, selon les lois de l'Indostan, basées sur des notions religieuses, toute parenté cesse parce que les proches à un degré plus éloigné ne sont pas tenus aux sacrifices de famille [e]). Les petits-fils des filles n'héritent pas de leur aïeul, et à défaut du fils de la fille, l'héritage passe au père du défunt, puis aux frères [f]). Il rentre donc dans la famille du premier propriétaire.

Les Chinois considèrent aussi l'union de la famille après la mort du père comme fort méritoire [g]), et de son vivant elle ne peut cesser que par son consentement: le fils ou le petit-fils qui de son chef va s'établir séparé

---

a) Menu IX. 105. 108.
b) l. c. 159.
c) l. c. 102.
d) Code of Gentoo laws, p. 83.
e) Menu IX. 185.
f) l. c. 217.
g) Du Halde Description de la Chine, III. 160.

ment est puni de cent coups de bambou [a]). Le fils aîné de la femme principale [b]) est seul représentant du défunt, ses frères ne sauraient au fond être considérés que comme de simples légataires. Ce n'est que lorsque la femme principale a atteint l'âge de cinquante ans sans avoir de fils, qu'on peut déclarer héritier le fils aîné d'une des autres femmes. La prééminence accordée à l'âge ne se borne pas même aux seules prérogatives dont jouissent les frères aînés; la loi en assure également aux aînés parmi les proches. Quiconque aliène une partie de son bien sans le consentement du collatéral en ligne ascendante [c]) (de l'oncle, du grand-oncle etc.) est puni de vingt coups du petit bambou pour chaque dix lans ou onces d'argent qu'il a aliénées. Ce même collatéral préside au partage des successions, et il subit un châtiment lorsque le partage est fait d'une manière contraire aux lois. Les filles n'héritent pas. A défaut de fils, le Code de l'Empereur Kan-si prescrit l'adoption du plus proche parent.

L'ancienne législation des Hébreux accordait au fils aîné le double de ce que recevait chacun de ses frères [d]). Dans les premiers temps le père pouvait même choisir celui d'entre ses fils qu'il voulait faire jouir de ce droit d'aînesse [e]), mais plus tard il fut privé de cette faculté qui en effet ne pouvait servir qu'à fomenter des passions jalouses [f]). Les filles étaient exclues par les fils, et dans

---

a) Code de l'Empereur Kan-si de l'année 1690. ch. 59.

b) En Chine la polygamie est permise, mais la première femme qu'on a épousée est la femme principale, et jouit de certaines prérogatives qu'on ne saurait accorder aux autres. V. le Code précité, ch. 60.

c) Des restrictions semblables se retrouvent dans les lois de l'Indostan et de l'Allemagne.

d) Num. 27, 8 — 12.

e) Gen. 48. 5 — 7. I. Chron. 5, 2. Mêmes dispositions dans les lois d'Aragon, de Biscaye, de Catalogne et dans l'Ukase du 23. Mars 1714.

f) Deut. 21, 15 — 17.

les premiers temps elles paraissent même n'avoir jamais
hérité [a]). Lorsqu'on leur accorda un droit de succession,
on leur défendit de se marier hors de la tribu afin d'empêcher le passage des biens d'une tribu à l'autre [b]). Le
Talmud confirme l'exclusion des filles par les fils et
leurs descendants des deux sexes et celle des sœurs par
leurs frères.

Jetons maintenant un regard sur les législations des
deux peuples principaux de la Grèce. Lycurgue ayant
divisé le territoire de Sparte en un certain nombre de
portions égales [c]), assez grandes pour nourrir, selon la
simplicité des mœurs du temps, une nombreuse famille [d]),
voulut conserver ces portions toujours intactes; il en défendit le partage, la vente et la donation soit entre vifs,
soit testamentaire [e]). Les portions qui devenaient vacantes
par l'extinction de quelque famille étaient assignées aux
puînés; les dots étaient défendues [f]). Voilà certes le
système de l'indivisibilité dans sa plus grande sévérité, et
comme les richesses mobilières étaient inconnues à Sparte,
cet ordre de succession régnait seul. La défense de tester fut abolie par l'influence de l'éphore Épitades qui
voulait frustrer son fils de sa succession [g]); il en résulta
bientôt une si grande concentration de la propriété territoriale qu'Aristote déjà nous apprend qu'elle se trouvait
en très-peu de mains, et Plutarque dit, en parlant des
temps des rois Agis et Cléomène (240 avant l'ère chrétienne): ,,Il n'y avait que 700 Spartiates dont environ

---

a) Gen. 31. Num. 27, 1 — 8.
b) Num. 36, 1 — 9.
c) Plutarch. Lyc.
d) Voyez le calcul de Barthélémy. Voyage d'Anacharsis, T. V.
e) Aristot. Rep. II. 9. — Plut. in Agide. — Heracl. Pont. de polit.
f) Plut. apopht. lacon.
g) Plut. Agis. ch. 5. — Cette opinion a été suivie par Barthélémy et par Heeren comme plus vraisemblable que celle d'Aristote
qui blâme Lycurgue d'avoir permis les testaments.

cent étaient propriétaires; le reste n'était qu'une multitude pauvre et méprisée, sans zèle et sans courage contre l'ennemi et épiant toutes les occasions de troubles et de bouleversement." Le roi Agis proposa une loi agraire, savoir une nouvelle division des terres, remède violent et usité dans l'antiquité, mais qui adopté ordinairement à une époque où l'inégalité était déjà parvenue à un très-haut point, n'a jamais produit que des désordres. Il en fut de même à Sparte. Agis périt; son successeur Cléomène, qui nourrissait les mêmes projets, fut obligé de fuir, et l'anarchie s'empara du pays.

Dans la république d'Athènes où fleurissait le commerce aussi bien que l'agriculture, nous trouvons les fils préférés aux filles et les collatéraux mâles aux parentes du même degré. A défaut de fils, les filles étaient obligées par la loi d'épouser les collatéraux les plus proches, qui de cette manière recueillaient la succession du défunt sans en exclure ses filles [a]). La législation s'est arrêtée à ce point, et ne pouvait en effet guère aller plus loin. Ne distinguant pas entre les biens meubles et les immeubles, elle eût gêné l'industrie par des restrictions plus sévères; l'esprit démocratique du gouvernement ne se prêtait d'ailleurs guère à des mesures destinées à perpétuer les familles. Toutes les classes étant confondues, on ne pouvait songer à introduire pour les meubles et les immeubles deux ordres de succession différents: aussi les séductions de la démagogie triomphèrent-elles bientôt des restrictions que Solon avait posées à l'influence des principes démocratiques. Cent vingt années après qu'il eût donné aux Athéniens „les meilleurs lois qu'ils pussent supporter" elles furent renversées dans leurs dispositions fondamentales par l'égale admission de tous les citoyens aux emplois, sans distinction de cens, et dès lors Athènes se

---

a) Dionys. Halyc. II. 7. Demosth. I. adv. Aphobum III. in Macart. — Isaeus de Pyrrhi hereditate.

vit livrée à toutes les inepties, a toùtes les fureurs d'un gouvernement exercé par une populace souveraine.

La république romaine a succombé comme Lacédémone, et malgré toute sa gloire et sa puissance, aux troubles dont l'inégalité des fortunes territoriales (et Rome n'en connut jamais d'autres) avait été le principal motif. - Lors de la fondation de l'État, son territoire paraît avoir été partagé en un certain nombre de portions égales [a]), mais on ne songea pas au moyen de rendre cette division durable; d'ailleurs le principe qu'avaient adopté les premiers chefs de l'État romain d'augmenter autant que possible le nombre des Plébéiens pour diminuer l'influence patricienne y opposait une barrière insurmontable. On ne pouvait accroître sans cesse le nombre des citoyens d'une petite ville ne vivant que d'agriculture, sans autoriser aussi des changements dans la distribution des terres: il fallait trouver des moyens de subsistance à une population qui augmentait avec une rapidité surprenante. Les difficultés qu'on rencontrait dans l'exécution de ces vues occasionnèrent bientôt des troubles. Tandis que les Patriciens avaient seuls, à ce qu'il paraît par les savantes recherches de Niebuhr, la jouissance du domaine public, les Plébéiens, dont le nombre croissait sans cesse par les immigrations, et ne se recrutait pour la plupart que de prolétaires, se voyaient en proie à la misère et la sévérité de la législation à l'égard des débiteurs insolvables, qu'en avait le droit de vendre comme esclaves [b]), augmentait encore la détresse des pauvres. Une extrême inégalité de fortunes s'introduisit dès le quatrième siècle avant l'ère chrétienne. Licinius (363 avant J. C.) et les Gracques (130 avant J. C.) cherchèrent en vain à y mettre

a) Dionys. Halyc. IV.

b) Gell. 20, 1. Capite poenas dabant aut trans Tiberim peregre venum ibant. Le Ssudebuik du Tsar Iwan Wassiliewitsch contient des dispositions d'une analogie frappante avec la loi romaine.

des bornes en fixant à 500 arpents de Rome (95⅚ dessiatines) le maximum du terrain qu'un particulier pourrait posséder, et en proposant de distribuer le surplus à raison de sept arpents seulement par tête. Les lois Liciniennes tombèrent en désuétude, celles des Gracques furent abrogées. La législation romaine n'offre d'ailleurs à l'exception des avantages accordés dans les premiers temps à la parenté par mâles [a]) aucune disposition qui rappelle le principe de l'unité, et qui ressemble à un droit de primogéniture ou à une limitation quelconque du droit d'aliéner. Les fidéicommis et les substitutions, quoique empruntés par les modernes au droit romain pour établir l'indivisibilité, n'ont pas été introduits primitivement en vue de perpétuer les familles, à quoi on ne pouvait songer ni en présence d'une démocratie jalouse et inquiète ni sous l'empire d'une usurpation militaire prolongée; ils n'ont pas eu pour but de mettre des bornes au droit de disposition des propriétaires, que l'on considérait au contraire comme le fondement de l'institution fidéicommissaire. Le testateur cherchait à parvenir par ce moyen avec le secours d'un tiers au but que sa volonté seule ne savait pas atteindre; il priait ce tiers à passer son héritage en tout ou en partie à un individu qu'il lui désignait. C'était donc une extension de la sphère d'action réservée à la volonté individuelle, aussi dans les commencements les fidéicommis n'étaient-ils pas obligatoires, Auguste fut le premier à leur prêter une force légale [b]), et cela en quelques cas seulement, l'usage fit le reste. — L'inégalité des fortunes, l'opulence de quelques individus et la misère de la multitude augmentant de jour en jour, on vit un Crassus, un Luculle „ne vouloir appeler riches que ceux qui étaient en état d'entretenir des armées," tandis qu'on ne cessait de fonder des colonies pour procurer du

---

a) § 1. Inst. 1, 15. — § 4. Dig. 38, 10.
b) § 1. Inst. II. 23.

pain à des milliers de misérables [a]). Les assemblées du peuple-roi perdirent alors le caractère de grandeur et de majesté qui avait étonné et soumis tant de princes et de nations différentes: envahies par une populace prête à se faire le jouet de l'intrigue et à se vendre au plus offrant, elles devinrent le champ de bataille des factions qui se disputaient le pouvoir, l'ordre légal en disparut, et la liberté fut détruite.

La création de majorats, comme institution facultative et observant un juste milieu entre les rigueurs de Sparte et l'incurie de la législation romaine est due toute entière aux nations modernes.

Les anciens Germains paraissent avoir pris même avant leur établissement sur le territoire de l'Empire romain, quelques mesures pour perpétuer dans les familles la possession de l'héritage paternel. On ne pouvait aliéner son bien sans le consentement du plus proche héritier, à moins de s'y trouver forcé par une nécessité pressante, surtout lorsque cet héritier était fils ou petit-fils du propriétaire, et qu'il ne se trouvait pas encore en possession de la portion qui lui revenait [b]). D'après les lois de plusieurs tribus, les biens-fonds ne pouvaient même jamais passer aux femmes, et le collatéral mâle le plus éloigné en excluait la fille du défunt [c]); partout les

---

a) Qu'on se rappelle la manière dont les Triumvirs récompensèrent les légions qui leur avaient aidé à s'emparer du pouvoir suprême.

b) Lex Saxonum T. 17. — Ripuar. T. 48. Burgund T. 1. Salica T. 49.

c) La célèbre loi Salique T. 62. De Alodis (Cette expression prouve déjà que les dispositions de la loi ne sauraient être attribuées à l'influence de la féodalité). De terra salica in mulierem nulla portio hereditaria transit, sed hoc virilis sexus acquirit. Lex Ripuar. T. 56. De Alodis. Cum virilis sexus exstiterit, femina in hereditatem aviaticam non succedat. Lex Angl. T. 6. De Alodis. Si filium non habuit qui defunctus est, ad filiam pecunia et mancipia; terra vero ad proximum consanguineum paternae generationis pertineat. —

fils au moins excluaient les filles, et les collatéraux mâles jusqu'au 6ème ou 7ème degré étaient préférés aux femmes, lors même que celles-ci étaient très-proches parentes du dernier propriétaire [a]). On voit donc que la loi considérait la famille comme une espèce de société, dans laquelle la succession devait se régler par des principes calculés sur l'intérêt général et sans prendre en considération les affections personnelles et les droits de propriété de l'individu. Toutes les dispositions législatives que nous avons citées sont antérieures à l'établissement du système féodal; on ne saurait donc les envisager comme une conséquence de ce même système ainsi que le prétendent les adversaires du principe de l'unité.

A peine l'industrie eut-elle pris naissance et les fortunes mobilières commencèrent-elles à se développer, que l'ordre de succession changea. Tandis que dans toute l'Europe germanique les biens-fonds se convertirent pour la plupart en fiefs inaliénables et réservés en majeure partie aux descendants mâles, les propriétaires des biens meubles acquirent au contraire plus de liberté.

En Allemagne ils se virent investis du droit d'en disposer à volonté [c]), et dans les biens héréditaires, les proches parentes du défunt exclurent les collatéraux à un degré plus éloigné. Le mari put aussi hériter de la fortune mobilière de sa femme et la femme d'une partie de celle de son mari; les biens commencèrent ainsi à passer d'une famille à l'autre [c]). Lorsque le tiers-état eut pris plus de consistance, il dérogea encore davantage aux anciens usages, et se créa peu à peu une législation

---

a) Lex Burgund T. 14. c. 1. 2. Lex Sax. T. 7. c. 1.

b) Code Saxon (Landrecht) L. 1. A. 52. Code Souabe A. 384. „Dieweil er (der Mann) mag reiten alles Weges eine Meile, so mag er thun mit seinem fahrenden Gute was er will." Statuts de Lubeck de l'année 1266. „Hereditaria bona, nemo potest impignorare vel dare sine heredum conniventiâ."

c) Code Saxon L. 1. A. 24. III. 38. Code Souabe A. 267. 270.

exceptionnelle, fondée exclusivement sur le principe de la division. Dans les villes où les fortunes consistaient principalement en biens meubles, les fils et les filles commencèrent à succéder par parts égales, on distingua entre les acquêts et les biens héréditaires, et le consentement des héritiers pour l'aliénation des acquêts (même immeubles) cessa d'être nécessaire [a]). Pour augmenter enfin le crédit des négociants et fournir une nouvelle garantie aux créanciers, on introduisit la communauté de biens entre mari et femme [b]). La noblesse loin d'imiter ces innovations, voyant le tiers-état croître en richesse et en considération, s'efforça de conserver à son tour ses biens et sa dignité en soumettant volontairement toute sa fortune à un ordre de succession plus sévère. On adopta l'usage de faire renoncer les filles à l'héritage paternel lors de leur mariage, et dès le XVII ème. siècle elles en furent souvent privées sans qu'on eût même recours à cette formalité [c]). Les retraits lignagers, destinés à remplacer le droit dont jouissaient autrefois les héritiers de s'opposer à toute aliénation quelconque, se répandirent dans toute l'Allemagne. Ces mesures se trouvèrent néanmoins insuffisantes. La noblesse profita alors de la faculté de créer des fidéicommis et des substitutions, qu'elle trouva écrite dans le droit romain pour rendre ses biens inaliénables et indivisibles, pour fonder des majorats. Aucune disposition législative ne l'y contraignait; c'est de son propre mouvement et en usant de son droit d'autonomie qu'elle s'accoutuma à recourir à ce moyen de perpétuer sa fortune et ses dignités, le jugeant sans doute le plus na-

---

a) Le nouveau Code saxon (vermehrter Sachsenspiegel) se distingue par là de l'ancien. V. L. II. A. 2. Stehende Erbe das einem Mann gegeben ist vor Gericht und dazu sein Gut das er selber gewonnen und erarbeitet hat und fahrende Habe, mag er geben wem er will ohne der Erben Widersprache.

b) V. les Statuts de la plupart des Villes d'Allemagne.

c) Statuts de la Noblesse de l'Empire de l'année 1653.

turel et le plus efficace de tous. Dès lors la noblesse
et le tiers-état, les biens meubles et les immeubles, se
trouvèrent soumis chacun à un ordre de succession particulier et approprié à la diversité de leur nature.

En Angleterre, suivant le Common law ou la loi générale du pays, fondée sur les anciennes coutumes, le
fils aîné succède seul dans les biens immeubles [a]). Cet
ordre de choses date de bien loin, il se trouve déjà chez
les anciens Normands qui l'avaient apporté à leur tour des
forêts scandinaves. Selon le témoignage d'un romancier
du 12ème siècle [b]) le choix d'un des fils pour héritier ou
sa désignation par le sort était usitée dans ce pays dès
avant l'introduction du christianisme. Les coutumes de
Normandie excluaient de même les filles [c]). — Malgré
l'influence décisive que la législation romaine exerça pendant tout le cours du moyen âge sur le midi de l'Europe,
où les descendants des anciens Germains, oubliant leur
origine, rendaient un hommage involontaire à la gloire
et à la civilisation de la ville éternelle, le principe de
l'unité parvint cependant à se faire jour. La loi lombarde prononce l'exclusion des filles par les fils et celle
des collatéraux descendants des femmes par les collatéraux
descendants des mâles [d]). Les statuts plus récents de la

---

a) Blackstone Commentaries.
b) Le Roman de Rou:

> Costume fut jadis longtems
> En Dinamarche entre païens
> Quand homme avait plusors enfans
> Et il les avait norriz granz,
> L'un des fils retenait par sort
> Qui est son her après sa mort
> Et cil sur qui le sort tornait
> En autre terre s'en alait.

c) Art. 249. Les filles ne peuvent demander ne prendre aucune part en l'héritage de leurs pères et mères contre leurs frères,
ne contre les hoirs, mais elles peuvent demander mariage advenant.
d) II. 14. 15.

plupart des villes de la Lombardie et de l'Italie centrale, tels que ceux de Milan, Pise, Mantoue, Lucques, Vicence, Pesaro, Forli etc., contiennent les mêmes dispositions. Dans le royaume de Naples régnait un double ordre de succession, l'un pour les fiefs de la noblesse, suivant le principe de la primogéniture, en vertu d'une ordonnance du roi Roger, l'autre pour les biens qui n'étaient pas fiefs, suivant le principe de la division. — Les „fueros" des villes espagnoles indiquent une tendance prononcée à perpétuer les biens dans les familles. De là le droit de retrait des immeubles qui se trouve dans la plupart de ces législations [a]) et la faculté attribuée aux plus proches parents de priver les prodigues de l'administration de leurs biens afin d'en assurer la possession aux enfants [b]). L'indivisibilité de la succession fut introduite en Aragon par le roi Jacques II. en laissant au père le choix du fils qui doit hériter [c]). Elle se trouve énoncée de la même manière dans les lois de la Biscaye et de la Catalogne [d]), d'où elle suivit les progrès de la conquête, et se répandit sur le reste de l'Espagne. L'époque de la création des majorats proprement dits coïncide avec le moment de leur introduction dans le reste de l'Europe. Les plus anciennes lois sur les majorats, mentionnées dans le Code compilé par ordre de Philippe II. sont de Ferdinand et d'Isabelle: on voit cependant que, sous le règne de ces souverains, l'institution existait déjà depuis longtemps, puisque la possession immémoriale est alléguée comme

---

a) Fuero de Bacza: Aquel que raiz alguna quisiere vender faga la pregonar III. dias en la villa, é entonces se alguno de sus parientes la quisiere comprar, comprele por quanto aquel que mas cara la quisiere comprar.

b) Fuero de Salamanca.

c) Fueros y observancias de las costumbres escriptas del reyno de Aragon. I. f. 127.

d) Fueros del Señorio de Vizcaya. 1575. f. 62. — Constitutions fetes por la Magestat del Rey D. Fhelip Segun. 1635. f. 8.

5*

moyen de preuve de l'existence d'un majorat [a]). Les lois de Portugal sont, à ce qu'il paraît, les seules qui renferment des dispositions relatives à un maximum. Si deux majorats, dont chacun rapporte plus de quatre mille cruzades, se réunissent dans les mains du même individu, son fils aîné succède dans l'un, son fils cadet dans l'autre; s'il n'a qu'un fils, celui-ci hérite, il est vrai, des deux majorats, mais après sa mort, ils sont derechef partagés entre ses fils ou autres descendants [b]).

Admis, vers la fin du moyen âge, par la législation de toute l'Europe germanique, le majorat a reçu de plus au 18ème et au 19ème siècle la sanction des lumières et de la science dans les Codes de Prusse, d'Autriche et de Bavière. En proscrivant la monarchie et la noblesse, en dissolvant le corps social, la révolution française ne manqua pas non plus d'anéantir les majorats. Bonaparte les rétablit, car il fondait une monarchie et une noblesse [c]). Le gouvernement royal les conserva et en augmenta le nombre.

CHAPITRE X.

DE LA LÉGISLATION RUSSE.-

Les faibles notions que nous possédons sur le droit primitif des peuples slaves, antérieurement aux influences que les nations germaniques et scandinaves exercèrent sur leur législation naissante au moment même où le droit commença

---

a) Recopilacion de las leyes destos Reynos, hecha por mandado del Rey D. Felipe II. V. 7.

b) Ordenações e Leys do Reyno de Portugal. 1727. IV. 160. § 2.

c) Décrets du 1. Mars et 24. Juin 1808, du 3. Mars 1810.

à revêtir les formes de la loi, paraissent indiquer l'existence du régime de la communauté des biens. Une ancienne chanson nationale bohème, connue sous le nom de Jugement de Libussa, et dont le contenu remonte probablement à la plus haute antiquité, lors même que ses formes seraient modernes, dit expressément:

> Umreli glawa celedina
> Deti wse tu zboziem wiedno wladu [a]).

Elle retrace ensuite la lutte des deux principes de l'unité continuée par le droit d'aînesse et de la division. On ne saurait guère présumer comment elle se serait terminée, si toute la grande famille slave avait pu développer son existence librement et sans les entraves qu'y opposait une domination étrangère. Chez les Slaves germanisés, l'individualité nationale périt sous l'influence de la conquête. Parmi les Slaves restés libres, le double ordre de succession que nous venons d'indiquer, ne put pas se développer dans toute sa rigueur comme en Allemagne, parce que ni la noblesse, ni le tiers-état, dont le caractère moral se réfléchit précisément par ce double ordre de succession dans la sphère des biens matériels, ne parvinrent à un développement complet. Leur législation décèle des tentatives de rapprochement vers les deux systèmes de l'unité et de la division, sans qu'aucun d'eux n'ait été appliqué dans toute son étendue. La Russie offre en particulier l'exemple curieux de l'établissement de la succession par ordre de primogéniture essayé par un des plus grands souverains qui aient illustré les fastes de l'histoire. Afin de pouvoir mesurer toute la portée des vastes projets de Pierre le Grand, il sera nécessaire de jeter d'abord un regard sur la législation qui l'a précédé.

Les anciennes lois russes renferment plusieurs dispo-

---

a) Изъятія россійской Академіи. 7. IX. (Mémoires de l'Académie russe, T. IX.)

sitions semblables à celles qui, dans la législation germanique, tendaient à perpétuer la possession des biensfonds dans les familles. D'après les coutumes judiciaires dont la collection est connue sous la dénomination de Pravda (le Droit) [a]), les femmes étaient exclues de la succession d'un homme du peuple (smerd), même les filles, auxquelles le Prince qui héritait à défaut de descendants mâles, donnait une quote-part quelconque, si elles n'étaient pas mariées; les filles mariées n'obtenaient rien. Dans les biens de la noblesse les filles étaient exclues par les fils [b]); le fils cadet héritait de la maison paternelle avec ses appartenances qui n'étaient soumises à aucun partage [c]). De la manière dont cette disposition est

---

a) Nous parlons ici de la Collection publiée pour la première fois par le G. Boltin et non de celle, beaucoup moins étendue, et probablement plus ancienne, qui est attribuée au Grand-Prince Jaroslaw et à ses fils, et ne contient aucune disposition sur le droit de succession. V. les savantes recherches d'Ewers et de Polevoy à ce sujet.

b) Pravda XIX. 1) Si un homme du peuple meurt sans enfants, son héritage passe au Prince; s'il a des filles, on leur en donne une part; mais si elles sont mariées, on ne leur donne rien. 2) Si c'est un Boyar ou un homme de la suite d'un Boyar, la succession ne passe pas au Prince, mais à défaut de fils, elle passe aux filles. 4) S'il se trouve une soeur dans la maison, elle n'hérite pas, mais ses frères la marient comme ils peuvent.

Правда Русская XIX. 1. Иже смердъ умретъ безъ дѣтей, то сстатокъ его Князю; аже будутъ у него дщери, то дать часть на ня; а аже будутъ за мужемъ то не дать имъ ничьиже части. 2. А аже въ Воляртѣхъ или въ Болярстѣй дружинѣ, то за князи сстатокъ не идетъ, но аже не будешъ сыновъ, то дщери возмутъ. 4. Аже будетъ сестра въ домѣ, то той сстатка не имать, но отдадать ю братія за мужъ, како си могутъ.

c) Les raisons alleguées par Mr. le professeur Reutz dans son histoire du droit russe pour prouver que les dispositions de la Pravda ne concernent que les biens meubles, ne nous paraissent pas convaincantes. Les mots задница (sadnitza), сстатокъ (sstatok), dont la signification littérale est le bien *restant* après le décès, der Nachlass, semblent désigner aussi bien des immeubles que des énoncée dans la Pravda, elle paraît se rapporter plus particulièrement au cas où des enfants mineurs se trouvaient sous la tutèle du plus proche parent; on laissait au plus jeune la maison paternelle, parce qu'il lui fallait plus de secours pour vivre, et qu'il ne trouvait pas aussi vite des ressources dans son travail. Qu'on se représente l'état de la Russie à cette époque, la rareté de la population, les familles éparses dans les campagnes et séparées par de vastes terrains incultes, et l'on concevra que le régime de la communauté de biens a pu durer encore longtemps, et que des dispositions exactes sur le partage dés successions n'étaient guères nécessaires. Aussi le partage ne se trouve-t-il au fond ni ordonné ni prohibé dans ces anciennes lois, il y est toujours question des fils succédant au père et jamais des rapports à établir entre ces fils mêmes, à l'exception de la disposition précitée en faveur du cadet. — Cette disposition ne se trouve plus dans les Codes du Grand Duc et du Tsar Iwan Wassiliewitch des années 1497 et 1550. Les filles y sont exclues par les frères, les filles mariées par les filles non mariées [a]. Il n'est point fait mention particulière des biens meubles, mais on distingue entre les acquêts et les héréditaires (купленныя и ро́довыя вошчины), et les biens-fonds acquis par le service (выссуженныя) (vysslougenia) sont soumis à la même sévérité de principes que les biens héréditaires. A défaut d'enfants, la veuve

---

meubles. Les derniers étaient de trop peu de valeur pour donner lieu à des dispositions législatives, puisque même les Codes des années 1497 et 1550 n'en font pas une mention séparée.

a) Ssoudebnik, A. 91. Si un homme meurt sans testament et qu'il n'a pas de fils, toute sa succession, y compris la terre, passe à sa fille; s'il n'y a ni fille ni petits-enfants issus de fils ou de filles, l'héritage échoit au plus proche de sa race.

Ssoudebnik, A. 91. А которой человѣкъ умретъ безъ духовной, а не будетъ у него сына, то сстатокъ весь и земля взяти дочери, а не будетъ и дочери и ни внучатъ сыновныхъ и дочерныхъ, и но взяти ближнему его рода.

héritait de tous les acquèts, mais non pas des biens héréditaires et obtenus au service public [a]). Enfin les bénéfices donnés par l'État ne passaient qu'aux fils, et étaient
inaliénables [b]).

Le Code du Tsar Alexei Mikhaïlowitch n'introduisit aucun
nouveau principe dans la succession des descendants [c]). Les
collatéraux mâles et issus de collatéraux également mâles con-
tinuèrent à hériter seuls, à l'exclusion des parentes du même
degré et de leurs descendants [d]), sauf quelques exceptions fort

---

a) Ukases 1628. 1629. Les biens-fonds achetés passent à sa
femme, et elle peut en disposer comme il lui plaît.

Ukases 1628. 1629. А купленныя вотчины женѣ его, вольно
ей въ той вотчинѣ какъ похочешъ.

b) Uk. du 2. Oct. 1550. Il ne faut pas confondre le système
des bénéfices avec le régime féodal: ils reposaient sur des principes
entièrement différents. Les bénéfices, donnés par l'État, ne créaient
aucun nouveau rapport entre celui-ci et le propriétaire. Le lien
féodal au contraire créait le rapport de la vassalité, fondé sur l'hommage prêté par un particulier à un autre. Établissant une hiérarchie et des droits et des obligations réciproques, qui n'étaient point
en harmonie avec la constitution de l'État, il finit ainsi par la dissoudre et lui substituer un nouvel ordre de choses. Oulojénié
XVI. 30. 32.

c) Oulojénié XVII. 4. Si un homme meurt sans fils, ses biens-
fonds tant héréditaires qu'acquis par le service passent à ses filles,
conformément aux Ukases antérieurs; si ces filles ont des enfants,
ceux-ci, savoir les petits-enfants du défunt, héritent des dits biens.

Oulojénié XVII. 4. А у кого сыновей не останется, и родовыя и выслуженныя вотчины давати дочерямъ ихъ по пре-
жнимъ Государевымъ указамъ, а у которыхъ дочерей
будутъ дѣти, и тѣ вотчини дѣтямъ ихъ внучатамъ.

d) Sans être énoncé d'une manière générale, ce qui tient aux
défauts de rédaction des anciennes lois et à l'état peu avancé de
la culture scientifique, ce principe se trouve cependant indiqué dans
plusieurs cas spéciaux. L'Ukase du 9. Oct. 7081 (1576) dit: Si
un frère meurt sans enfants, et qu'il laisse des frères, son bien-fond
passé à ces frères et à leurs enfants et petits-enfants. Которой
братъ родной умретъ бездѣтенъ, а останутся у него братья
родные, и та вотчина роднымъ братьямъ и дѣтямъ и внучатамъ. Les soeurs et leurs descendants sont donc exclus par les

rares qui ne résultent peut - être que du peu d'habitude
qu'on avait à saisir des principes généraux, et à les développer avec une rigueur scientifique [a]). Le droit de représentation, qui commença à remplacer à cette époque,
comme dans toutes les législations développées, les prérogatives accordées anciennement à la proximité [b]) de la
parenté n'altéra point cet ordre de choses. Les veuves
partageaient les acquêts avec leurs enfants; si elles n'en
avaient pas, elles obtenaient une partie des bénéfices accordés à leurs maris, mais seulement leur vie durant et
à titre de pension; à défaut de bénéfices et d'acquêts
on leur en donnait une sur les biens héréditaires et acquis au service [c]). Il existait enfin aussi des retraits

descendants des frères. Les Ukases du 14. Mars 7184 et 10. Août
7185 (новоуказныя статьи) (novo oukasnya sstat 'i) (Lois nouvelles)
font exclure les filles du défunt par les filles des fils; les filles de
son frère ou ses nièces par les fils du frère ou les neveux; les filles
de l'oncle par ses fils, c.-à-d. les cousines par les cousins; les filles
de cousins par les fils de cousins.

a) La soeur du défunt hérite conjointement avec la fille du
frère du défunt, au lieu d'être exclue par elle.

b) Les enfants des filles du défunt héritèrent conjointement avec
ses autres filles (leurs tantes), les fils de ses frères avec ses autres
frères (leurs oncles), les fils de ses oncles avec ses autres oncles,
les fils de cousins germains avec les cousins. Ukases précités de
7184 et 7185 (1676. 1677).

c) Oulojénié XVI. 13. 16. 58. XVII. 3. Si quelque fonction-
naire de Moscou ..... méurt, laissant après lui sa mère et sa femme sans enfants, et qu'il ne laisse ni bénéfice (v. p. 72. note c.),
ni de quoi faire une pension à sa mère et à sa femme, ni des
biens - fonds achetés, mais seulement des biens héréditaires ou acquis au service, on assignera à la veuve et à la mère du défunt
des pensions sur les biens acquis au service, selon l'exigence du cas.

Oulojénié XVI. 13. 16. 58. XVII. 3. Кого Московскихъ
чиновъ ..... не станетъ, а послѣ ихъ останутся матери ихъ,
да послѣ ихъ останутся жены ихъ бездѣтны, а помѣстей послѣ
тѣхъ умершихъ не останется, и на прожитокъ матерямъ и
женамъ дать будетъ не изъ чего, и купленныя вотчины по то-
муже не останутся, а останутся родовыя и выслуженныя вот-

lignagers (выкупъ) (vykoup), qui pouvaient même s'exercer pendant quarante ans [a]) à dater de la mort du propriétaire.

Pierre le Grand doué, comme tous les hommes éminents, d'un secret pressentiment de l'avenir, comprit que toutes ces mesures ne suffiraient pas pour arrêter la décadence de la noblesse, dès que les progrès de l'industrie et de la civilisation que son génie avait créées, auraient changé l'état du pays. Aimant à anticiper sur la marche lente et progressive du temps, et voulant forcer de plus la noblesse à se vouer à l'industrie et au service public, il se hâta de déclarer tous les biens-fonds, soit acquêts, soit héréditaires, soit donnés en bénéfices par l'État, à la fois inaliénables (excepté dans le cas d'urgente nécessité) et transmissibles par ordre de primogéniture [b]). Égalant ainsi en sévérité le législateur d'une petite république telle que Sparte, où le patriotisme local permettait seul les mesures extrêmes, Pierre le Grand n'hésita pas de choquer les anciens usages, à une époque où la grandeur de ses vues ne pouvait guère être appréciée par ses sauvages contemporains. Les puissantes considérations alléguées dans la loi qui régla le nouvel ordre de choses, à l'appui de l'indivisibilité des biens-fonds, n'empêchèrent pas les pères de famille de tenter toute sorte de moyens pour en éluder les dispositions, qui d'ailleurs paraissent ne pas avoir répondu complétement au but qu'on se proposait. Dans le but peut-être de se concilier les propriétaires en leur accordant une certaine latitude, la loi leur permettait de choisir un de leur fils pour héritier de leurs biens-fonds. Cette disposition ne se trouve que dans les lois d'une civilisation peu avancée [c]); elle a été

чины, и тѣхъ умершихъ женамъ и матерямъ давать на прожитокъ изъ выслуженныхъ вотчинъ имъ животъ по разсмотрѣнію.

a) Ssoudebnik A. 82. Ouloj. XVII. 30.
b) Ukase du 23. Mars 1714.
c) V. au chap. IX. les lois d'Aragon, de Catalogne et de Biscaye.

rayée des Codes modernes, comme ne servant qu'à fomenter au sein des familles la jalousie et la discorde. Au lieu d'autoriser simplement la création de majorats, suivant les convenances et les volontés des particuliers, Pierre le Grand convertit forcément en majorats tous les biens-fonds de son vaste empire. Malgré cette extrême dureté, la loi n'était pourtant pas complète. Pour perpétuer les fortunes dans les familles, elle eût dû en exclure à jamais les femmes; elle conserva au contraire, à l'exception du droit de primogéniture qu'elle avait créé, l'ordre de succession établi par l'Oulojénié. A défaut de descendants. les filles et même les filles mariées étaient appelées à succéder, après elles les frères du défunt avec leur descendants, puis les sœurs [a]). Les biens étaient donc sans cesse dans le cas de pouvoir passer d'une famille à l'autre. Peut-être la loi de 1714 était-elle même prématurée. La noblesse héréditaire ne s'acquérait qu'avec difficulté; le nombre des individus qui y participaient était borné, et leurs fortunes étaient considérables; d'autre part l'industrie n'avait guère fait de progrès, et le tiers-état n'était pas riche [b]).

---

a) V. l'Ukase explicatif du 8. Mai 1725.

b) On ne saurait disconvenir que Pierre le Grand n'ait lui même puissamment contribué à l'augmentation de la noblesse en instituant les quatorze classes de service, et en en faisant un moyen d'ennoblissement; mais cette institution était réclamée par les besoins administratifs de l'époque. Les réformes introduites par Pierre le Grand pouvaient éloigner du service de l'État: il fallait donc y ramener par tous les moyens qui se trouvaient au pouvoir du gouvernement. C'était alors la seule manière de forcer la jeunesse à s'instruire, et à se lancer dans la carrière de la civilisation. Cet homme célèbre avait su faire de son gouvernement un foyer de lumières, d'où elles devaient se répandre désormais dans la masse de la nation qu'une vie d'homme ne pouvait pas arracher entièrement à son antique barbarie. Il fallait de plus assurer le sort des nombreux étrangers qu'on avait été obligé d'attirer au service, ainsi que l'avenir de leurs enfants; il fallait donc leur fournir le moyen d'acquérir la noblesse héréditaire, car le tiers-état jouissait encore

Ces considérations semblent expliquer suffisamment le rappel de l'Ukase de 1714 par celui du 17. Mars 1731, mais elles prouvent aussi qu'on ne saurait l'attribuer à quelque vice inhérent à l'institution même, mais aux imperfections des mesures qui furent prises pour la fonder ainsi qu'aux circonstances de l'époque. Encore la loi de 1714 a-t-elle été en vigueur trop peu de temps pour pouvoir faire juger de l'effet qu'elle eût produit, si on avait eu le temps de s'y accoutumer.

Terminons ici cette longue revue historique, et résumons en peu de mots les résultats qu'elle nous offre. Le principe de l'indivisibilité et de la perpétuité des propriétés territoriales a régné dans toutes les monarchies de l'Europe centrale et occidentale ainsi qu'à Lacédémone. Expulsé des législations de deux républiques célèbres, celles de Rome et d'Athènes, il les a laissé tomber sous le joug d'une démocratie déréglée et violente qui leur légua l'anarchie. L'Orient et la Russie enfin ont au moins approché du principe de l'unité, et si Pierre le Grand n'a pas réussi à l'établir complétement, c'est qu'il a cru pouvoir supprimer les précautions et les ménagements adoptés par d'autres législateurs, et qui servent à en assurer le succès.

------

de trop peu de considération pour leur offrir un asyle honorable. Toutes ces circonstances ont changé. —

CHAPITRE XI.

RÉSULTATS.

Dispositions législatives à prendre pour l'établissement d'une propriété territoriale inaliénable et indivisible.

Le tableau que nous venons de tracer des vicissitudes subies par le droit de primogéniture et par le principe de l'indivisibilité, indique assez que l'établissement en doit être *facultatif*. On en abandonne ainsi le succès au bon sens et au libre arbitre de la nation. C'est à elle à l'adopter, et à lui donner, si elle le juge à propos, le droit de bourgeoisie. La création des primogénitures serait-forcée, qu'encore elle ne blesserait les droits de personne, car nous croyons avoir prouvé que le partage égal des fortunes et la faculté de tester ne forment pas un droit rigoureux acquis aux particuliers, et que c'est au contraire la société qui a le droit de modifier l'ordre de la succession selon que l'intérêt général l'exige. Devenue facultative, la fondation des primogénitures ne blesse même pas les préjugés et les caprices de la liberté individuelle. On ne saurait donc guère imaginer de moyen plus doux et plus modéré d'établir les principes de l'indivisibilité et de la stabilité. Que ceux qui ne peuvent pas s'y décider, se résignent à voir leur famille se dissoudre et se perdre insensiblement dans la masse de la nation; que ceux qui ne jugent pas leur fortune suffisante pour créer un majorat sans se soumettre à une gêne réelle y renoncent de même; l'État ne songe point à les empêcher de prendre le parti le plus convenable à leur situation, car malgré les avantages qu'il se promet de l'introduction du principe de l'indivisibilité, il ne l'ordonne pas, il ne fait que l'autoriser.

Une institution facultative est livrée par là même à l'action bienfaisante du temps qui adoucit et modère tout. Elle trouve moyen de s'acclimater insensiblement, et de se modifier selon les exigences des préjugés et des habitudes. Il en résulte d'un autre côté qu'elle ne peut porter des fruits qu'à mesure qu'elle prend racine dans les mœurs; l'expérience d'un petit nombre d'années ne suffit pas pour la juger, et les difficultés qu'elle trouve à s'établir, les embarras qui peuvent en résulter dans les commencements pour quelques intérêts privés, ne sauraient offrir un motif légitime de s'y opposer. Ainsi que toutes les institutions qui exercent une puissante influence sur les destinées des peuples, elle a besoin de traverser les générations. Plus elle dure, plus les esprits s'y accoutument, et plus les avantages qui en résultent pour le bien-être de la société, deviennent sensibles.

Les principes généraux que nous avons exposés jusqu'ici nous serviront de guide pour le développement des mesures de détail qui paraissent promettre à l'institution de la propriété indivisible et inaliénable le plus de succès. Trois objets principaux réclament ici notre attention, l'établissement des biens-fonds de ce genre, l'ordre de succession à y introduire, les droits et obligations de leurs possesseurs.

Il résulte du principe de leur création facultative que tout bien de cette nature ou tout majorat doit être *déclaré* tel par un *acte formel* émané du propriétaire.

Un bien-fond peut seul être constitué en majorat. Tel est le principe consacré par l'Édit bavarois du 26. Mai 1818. La propriété territoriale offre seule en effet un caractère de durée et d'immutabilité, et exige seule aussi l'application du principe de l'indivisibilité. Toutefois plusieurs législations modernes [a]) permettent de fonder un

---

a) Code prussien II. T. 4. § 48. 59. Code civil d'Autriche § 630. 633. Ordonnance suédoise sur les Testaments du 3. Juillet 1686. § V.

majorat sur un capital quelconque. Une pareille disposition menace d'enlever à la circulation des sommes considérables qui eussent été employées avec plus d'avantage à alimenter l'industrie et le commerce. Il existe toutefois une espèce de capital qui participe par sa stabilité à la nature des immeubles, ce sont les capitaux en effets publics. Ils ne sont pas destinés, il est vrai, à alimenter la circulation, aussi existe-t-il des lois qui permettent de leur attribuer la nature d'un immeuble [a]). Mais il y a loin de là à les déclarer inaliénables; ce serait même imposer aux possesseurs une gène gratuite et très-onéreuse. Les papiers sur l'Etat ont, dès qu'ils jouissent d'un crédit assuré, la nature de l'argent; ils peuvent y suppléer en cas de besoin et servir au maniement des affaires commerciales [b]). Un revenu constitué en argent pourrait perdre aussi après un laps de temps considérable la plus grande partie de sa valeur, et tomber au dessous du minimum qu'il est nécessaire de fixer pour les majorats. Enfin la constitution d'un capital sur l'Etat en majorat chargerait le trésor d'une dette perpétuelle ou non rachetable. Si toutefois l'on désirait accorder une latitude semblable pour faciliter la fondation des majorats, au moins faudrait-il ne la donner que provisoirement, en imposant au fondateur la condition de convertir dans un temps donné son capital en biens-fonds.

Un majorat ne doit pouvoir être constitué qu'en faveur d'un noble, car la perpétuité des biens n'est nécessaire qu'à la noblesse. Comme elle a pour but d'assurer l'existence des familles, il serait contraire à l'esprit de cette institution de permettre la fondation de majorats au profit de parents éloignés tant qu'on a des descendants

a) Règlement de la Commission d'amortissement de Russie du 16. Avril 1817. T. I. ch. 2. § 17.

b) On voit bien qu'il ne s'agit pas ici du commerce des effets publics ou du jeu de la bourse.

directs. Le plus proche héritier sera donc celui en faveur duquel le majorat devra être institué. Si cette condition ne se trouve pas énoncée dans plusieurs législations de l'Europe occidentale, c'est peut-être parce que les majorats y ont été introduits en vertu d'un usage fondé sur le droit romain et sous la forme de fidéicommis. Or comme en autorisant la transmission fidéicommissaire, la législation romaine n'avait nullement en vue la perpétuité des familles, elle ne s'était point trouvée dans le cas de restreindre le choix de l'héritier; elle ne considérait au contraire l'institution du fidéicommis que comme une conséquence du droit illimité attribué au propriétaire de disposer de ses biens. Mais si à défaut de descendants du fondateur, on voulait encore le gêner dans le choix d'un de ses parents, on empêcherait inutilement la création d'une foule de majorats. La législation russe qui ordonne le partage des biens héréditaires parmi les fils du défunt, lui permet cependant de les laisser à tel parent qu'il voudra, s'il n'a pas de descendants directs [a]). Afin d'assurer le sort de ses puînés, le fondateur d'un majorat au profit d'un descendant direct devra laisser à ses autres descendants une quote-part de la portion qu'ils auraient hérité ab intestat, si le majorat n'avait pas été établi [b]). La législation romaine et celles qui en dérivent, assurent également aux descendants exclus par un testament une quote-part de ce qui leur serait revenu ab intestat, et ordonnent qu'ils ne pourront en être privés que pour des motifs legaux [c]). On ne saurait limiter aux biens acquis l'établissement des majorats, parce que presque toute la fortune de la noblesse européenne est héréditaire. Il faut donc recourir à la fixation d'une quote-part à laisser aux

---

a) Ukase du 23. Févr. 1804.

b) Édit bavarois § 19.

c) Nov. 15. 118. Code prussien T. 2. § 392. Code civil d'Autriche § 765. Code civil français. A. 913.

descendants exclus, et dont le montant pourrait varier suivant leur nombre, ainsi qu'il est établi dans les législations romaine et française.

La nécessité d'empêcher et le morcellement et la concentration excessive des biens-fonds exige la fixation tant d'un maximum que d'un minimum. En posant des limites salutaires, cette mesure laisse néanmoins à l'activité des particuliers une latitude raisonnable. Elle tient ainsi un juste milieu entre la sévérité des lois de Lycurgue et le défaut de prévoyance de plusieurs législations modernes. Un majorat doit être assez considérable pour mettre le propriétaire à même d'élever ses enfants, de doter ses filles et de fournir les aliments à ses frères et sœurs. Ces considérations ont décidé la fixation d'un minimum dans plusieurs législations modernes qui ne font pas mention d'un maximum. Le Code prussien exige un revenu de 2600 écus, l'Édit bavarois 25 flor. d'impôt direct, ce qui supposerait que le taux de l'impôt ne dût jamais varier. Le minimum prussien suppose un bien d'une étendue assez considérable, lorsque l'économie rurale se trouve encore dans un état peu avancé, et il paraît pouvoir être abaissé sans inconvénient, si l'on considère le véritable but de l'institution des majorats, qui n'est pas de favoriser la concentration des biens-fonds, mais d'en empêcher le morcellement au point de ne plus pouvoir nourrir la famille du propriétaire et de nuire aux progrès de l'agriculture. Afin de faire participer la majeure partie des biens-fonds aux bienfaits de cette institution, le minimum ne doit pas être fort au-dessus du taux moyen de la propriété territoriale, savoir par exemple en Russie 600 dessiatines qui, actuellement, ne rapportent guère au delà de 3000 roub., mais qui rapporteront bien au delà lorsque l'économie rurale sera plus perfectionnée. Il y a des terres qui donnent déjà le double et, quoique un revenu si considérable soit ordinairement moins dû à l'agriculture qu'aux fortes redevances payées par des paysans

qui s'occupent de divers métiers, c'est pourtant du bien-
fond que ce revenu s'obtient puisque les paysans y sont
attachés.   Une rente foncière de 6 à 8 mille roubles
offrirait donc peut-être le minimum le plus convenable.
Le maximum pourrait être porté au décuple. Il en résulterait une tendance générale des biens vers le minimum.   Chacun chercherait à perfectionner la culture du
sien au point de pouvoir y atteindre, et celui qui manquerait de terrain à cet effet en achèterait à quelque voisin
trop pauvre pour vivre de sa terre et en faire jamais un
majorat.   L'inégalité excessive des fortunes territoriales
disparaîtrait peu à peu, d'abord à cause de la fixation
du maximum qui empêcherait toute concentration durable,
et puis à cause de la tendance qu'auraient les grands biens
de parvenir au minimum par la division tout comme les
petits par l'agglomération.   Car un propriétaire assez riche pour fonder plusieurs majorats, portés chacun au minimum, aimerait mieux assurer par ce moyen le sort de
chacun de ses enfants que de faire de tout son bien un
seul majorat destiné à l'aîné.   Il existerait donc un grand
nombre de propriétaires à leur aise, quelques riches; et
très-peu qui posséderaient une fortune colossale; il n'y
en aurait guère de ruinés.   Cet état de choses, conséquence de l'établissement de biens-fonds inaliénables et
indivisibles, lorsqu'il est accompagné de toutes les précautions nécessaires, est le meilleur qu'on puisse désirer.

Le Code prussien qui permet de constituer en majorat un capital en numéraire, en fixe le minimum à 10
mille écus, ce qui ne fait que 500 de rente, moins du
quart du minimum fixé pour les biens-fonds.   Il nous
semble au contraire qu'il vaudrait mieux augmenter le minimum du majorat constitué en argent, car la loi ne doit
pas favoriser les institutions de ce genre; elle ne peut
que les tolérer.

Il résulte de la fixation d'un minimum comme taux
de la grandeur des biens-fonds la plus désirable que

plusieurs majorats, réunis entre les mêmes mains, soit par mariage, soit par droit de succession, doivent être séparés après la mort du propriétaire, et passer l'un au fils aîné, l'autre au fils cadet ou à son défaut à la fille du défunt, lors même que, pris ensemble, ils ne dépassèraient pas le maximum; c'est la tendance vers le minimum et non celle vers le maximum qu'il faut favoriser, si l'on veut conserver l'égalité tout en empêchant un morcellement excessif.

La création d'un majorat doit être facultative et révocable à volonté, car elle est une manière particulière de disposer de son bien, et ce serait enfreindre les droits du propriétaire que de l'empêcher de changer de résolution, lorsque tant de circonstances imprévues et des motifs souvent très-légitimes peuvent l'y engager. Celui en faveur duquel un majorat est constitué n'y a d'ailleurs un droit parfait qu'après la mort du fondateur.

L'établissement d'un majorat doit recevoir toute la publicité possible, et il faut prendre des mesures pour qu'il ne puisse pas servir de moyen de priver les créanciers de l'exercice de leurs droits. Il doit par conséquent se faire par acte public, soit entre vifs, soit testamentaire. L'autorité judiciaire appelée à authentiquer cet acte examinera, si les conditions prescrites par les lois s'y trouvent observées, sinon elle en refusera la confirmation[a]). Toute institution de majorat sera publiée par les journaux, et il en sera tenu registre séparé. Lors de la première publication il faut sommer les créanciers du constituant de présenter dans un délai déterminé les raisons pour lesquelles ils croiraient pouvoir s'opposer à l'établissement du majorat. Car le bien-fond auquel on se propose de donner cette qualité, ne doit pas être grevé de dettes hypothécaires, et le constituant devrait même justifier qu'il possède outre

---

a) Édit bavarois §. 22. Code prussien II. T. 4. §. 62. 65. 74. Code civil d'Autriche §. 627.

6 *

son majorat une fortune suffisante au paiement de ses dettes. Les législations modernes, telles que l'Édit bavarois de 1818, se bornent pour la plupart à la première de ces précautions, mais elle n'offre aucune garantie aux créanciers chirographaires. Les majorats étant inaliénables, il est évident qu'on enlève à ses créanciers, en en fondant, une partie de leurs sûretés. Il est donc de toute justice d'obliger le constituant à leur offrir des garanties suffisantes avant de lui permettre de disposer de son bien à leur préjudice. Il faut toutefois distinguer entre deux espèces de dettes qui sont en effet de nature fort différente, les dettes constituées en capital et les rentes viagères ou à terme, dont les paiements successifs sont calculés de manière à ce que la rente à payer serve à la fois au remboursement du capital et des intérêts, comme c'est le cas par exemple pour les biens engagés à la banque d'emprunt de Russie. Dans le premier cas, le revenu de la terre peut être considéré comme la garantie du paiement des intérêts et la valeur même du bien-fond comme la garantie du remboursement du capital. L'établissement d'un bien semblable en majorat fait donc disparaître les sûretés des créanciers; aussi se trouve-t-il presque généralement prohibé dès que la dette est hypothécaire. Dans le second cas, le revenu de la terre doit suffire à tout, et constitue seul la garantie des créanciers. On pourrait par conséquent permettre d'ériger en majorat un bien-fond chargé d'une rente de ce genre, lorsque le revenu qu'on en obtient se monte pour le moins au double de la rente à payer, car les sûretés du créancier ne se trouveront point diminuées.

Nous passons maintenant à l'examen de l'ordre de succession à établir dans les majorats.

Le premier principe à poser, c'est qu'on ne saurait déroger par disposition testamentaire ou autre à l'ordre de succession établi par la loi[a]). Dans les pays où le

---

a) Édit bavarois §. 81.

majorats se sont introduits par l'usage et sous la forme
de fidéicommis comme une conséquence du droit de disposer librement de son bien, les fondateurs ont pour la
plupart déterminé eux-mêmes l'ordre de la succession.
Ce droit leur a été confirmé par quelques législations
modernes qui les ont autorisés à faire un choix entre
plusieurs ordres de succession différents, mais en consacrant
toujours le principe de l'indivisibilité et de l'exclusion des
femmes[a]). Une telle condescendance pour des usages qui
ont précédé la loi ne saurait servir d'exemple pour des
pays où ces usages n'auraient jamais existé, et où il s'agi-
rait de fonder une institution nouvelle, basée uniquement
sur l'intérêt général. Il faut alors déterminer l'ordre de
la succession de la manière la plus conforme au but et
à la nature de cette institution, et ne pas permettre de
s'en écarter.

Quatre ordres de succession différents, tous basés sur
le principe de l'indivisibilité, figurent dans les législations
les plus récentes de l'Europe. D'après le premier[b]), l'individu *le plus jeune* de la branche *la plus ancienne* exclut son aîné, ou bien, ce qui rentre dans le même système, l'individu le plus jeune d'une branche *quelconque*
exclut tout autre héritier. Ces dispositions sont vicieuses,
parce qu'elles rendent la personne de l'héritier incertaine.
La naissance inopinée d'un frère cadet ou, selon le second
système, même d'un parent éloigné peut enlever la succession à celui qui avait l'espoir le plus fondé de la posséder, et causer ainsi des dissensions fort graves. Les
majorats, appartenant toujours à l'individu le plus jeune,
tomberont souvent à des mineurs, et devront être administrés
par des étrangers. Les fils cadets deviendront chefs de familles, et fourniront des aliments à leurs aînés, ce qui
est contre l'ordre naturel. Enfin le second système a

---

a) Code prussien II. T. 4. §. 164. Code civil d'Autriche §. 620.
b) Code civil d'Autriche §. 622.

aussi le défaut de faire souvent passer les biens d'une branche de la famille à l'autre, ce qui fait naître des procès, nuit à la culture, diminue l'intérêt que les propriétaires de ces majorats, appelés à plus juste titre minorats, prennent à leurs possessions, enrichit subitement des familles pauvres, et appauvrit celles qui étaient dans l'aisance.

D'après un autre ordre de succession[a]), l'individu *le plus âgé* de *toutes* les branches devient possesseur du majorat. Le seul inconvénient qui s'offre ici est le passage fréquent des biens d'une branche à l'autre et le peu de temps que le majorat est possédé par le même individu, ce qui est contraire aux intérêts de l'économie rurale.

En vertu du troisième système, le majorat est dévolu au *plus proche parent* du dernier propriétaire, sans avoir égard au droit de représentation. Ainsi le fils aîné succède au père, mais dans le cas de prédécès du fils, ce ne sont pas ses enfants, mais c'est son frère cadet qui le remplace. Ce mode de succession, autrefois généralement en vigueur en Allemagne ainsi qu'en Russie[b]), a le

---

a) l. c. §. 620. Code prussien II. T. 4. §. 164.

b) Lex Salica. T. 62. De illis generationibus quicumque proximior fuerit ipsi in hereditatem succedat. Lex Ripuar. T. 56. Usque ad quintum geniculum, qui proximus fuerit in hereditatem succedat. Lex Angl. et Wer. T. 6. Proximus qui fuerit paternae generationis heres ex toto succedat. Ces principes restèrent en vigueur jusqu'à ce que l'influence de la législation romaine les eût remplacés par le droit de représentation. — Ssoudebnik. 91. А не будешъ и дочери и ни внучатъ, и но взяти ближнему его рода. Ukase de 7136 (1628) Давать въ родъ того умершаго кого не станетъ, братьямъ роднымъ и двоюроднымъ и въ родъ, кто кому ближе. Mêmes principes dans l'Oulojénié (XVII. 4). Le droit de représentation fut introduit, et seulement pour quelques cas, par les Ukases des années 7184 et 7185, p. ex. les filles des sœurs héritèrent de leur oncle conjointement avec ses autres sœurs, les fils de son frère avec ses autres frères, l'oncle du défunt avec le cousin, et les cousins avec les fils de cousins. V. ch. X.

défaut d'enlever le majorat à ceux qui, par leur position, s'en trouvent le plus rapprochés, et en jouissent en quelque sorte déjà, conjointement avec leurs parents. Dans toutes les législations développées, le droit de représentation a été substitué par les progrès de la civilisation à la proximité de la parenté.

Enfin d'après le quatrième ordre de succession, *la branche la plus ancienne* exclue la branche cadette, et dans la même branche *l'aîné et tous ses descendants* excluent le cadet. Cet ordre de choses n'offre aucun des inconvénients que nous venons de signaler. Il a été adopté à l'exclusion de tout autre par la législation bavaroise, et celles de Prusse et d'Autriche lui accordent la préférence en cas de doute sur les intentions du fondateur. On ne saurait au reste fixer à cet égard des règles invariables, parce qu'il faut se conformer autant que possible à l'ordre de succession établi par les lois générales du pays, en ayant seulement soin d'éviter tout partage ainsi que le passage du bien d'une famille à l'autre. Cette dernière considération exigerait l'exclusion des femmes, même des filles et des sœurs, en faveur du collatéral le plus éloigné, disposition adoptée par les législations étrangères [a], mais dont la sévérité parut outrée à Pierre le Grand lui-même. Ce souverain se borna à statuer que l'époux d'une femme qui posséderait un majorat, prendrait le nom de famille de son défunt beau-père.

Quoique nous ayons établi en principe que l'ordre de la succession doit être immuable, et soustrait à l'action de la volonté humaine, il résulte néanmoins de ce que nous avons observé au chap. VII. de la succession testamentaire que le possesseur d'un majorat doit pouvoir exclure son plus proche héritier pour des motifs légaux et évidemment prouvés, et lui substituer l'héritier suivant.

---

a) Édit bavarois §. 87. 90. C. prussien II. T. 4. §. 101. C. Autr. §. 626.

L'exclu doit avoir le droit de réclamer par-devant les tribunaux.

Passons maintenant à la question des droits et obligations des possesseurs de majorats.

Le possesseur d'un majorat n'en est que l'usufruitier et l'administrateur au nom de la famille qui en est le véritable propriétaire.

Ce principe adopté par la plupart des législations de l'Europe est le fondement de tout le système des droits et obligations, et sert à les fixer d'une manière claire et précise. Quoique le possesseur d'un majorat ne doive compte de son administration à personne, ses héritiers, à l'exception de ses descendants en ligne directe, doivent pouvoir dénoncer aux tribunaux tout contravention aux lois établies pour l'administration des majorats, que le possesseur oserait se permettre, et en cas de délit grave de sa part, ils demanderont qu'il soit privé du droit d'administrer et remplacé par le plus proche héritier ou un gérant provisoire à leur choix. Le nouvel administrateur sera tenu de leur rendre compte de sa gestion, et de remettre le revenu net, déduction faite de toute charge quelconque, au possesseur sa vie durant. Ces mesures, analogues à celles de la plupart des législations existantes sur l'interdiction des prodigues, et qui se retrouvent en partie dans les Codes de Prusse et d'Autriche et dans l'Édit bavarois de 1818, sont en effet nécessaires pour conserver intacte la valeur des majorats, et assurer ainsi à la noblesse ses moyens d'existence.

Il résulte du même principe que le possesseur d'un majorat est tenu de l'administrer en bon père de famille, et d'indemniser les héritiers de toute détérioration de la substance qui pourrait lui être mise à charge: qu'enfin un trésor trouvé dans un bien-fond constitué en majorat et censé en faire partie suivant les législations russe et romaine[a]), appartient également à la famille qui possède le majorat, et ne saurait être séparé de ce bien. Il faudra donc ou l'employer en améliorations ou le placer en rentes sur l'État pour être un jour converti en biens-fonds qui seront réunis à l'ancien majorat ou en formeront un séparé, s'ils atteignent au minimum fixé par les lois. — En revanche le possesseur du majorat fait les fruits siens: les biens qu'il achète de ses épargnes n'appartiennent qu'à lui seul, et ne font point partie du majorat.

Il doit ou doter ses sœurs et fournir selon ses moyens des aliments à ses frères et à ses sœurs non mariées ainsi qu'à sa mère, si elle ne possède pas une fortune suffisante à son entretien[b]), ou bien leur payer à la mort du père un capital égal à une quote-part déterminée de ce qu'ils devraient hériter ab intestat, ainsi que nous l'avons expliqué plus au long au chapitre IV. La quote-part pourrait varier suivant le nombre des ayants droit, comme la législation romaine l'ordonnait pour la portion légale à laisser aux descendants par le testateur; au reste il serait peut-être utile de laisser aux enfants le choix de l'une des deux alternatives proposées, suivant que l'état de la succession l'exige. Si les puînés se trouvent posséder à titre gratuit quelque autre fortune, pour le moins égale au montant de ce qu'ils avaient à recevoir de leur aîné, celui-ci devrait, suivant le véritable esprit de l'institution, se trouver libéré de ses obligations envers eux; car dès qu'ils ont les aliments, n'importe d'où, le but de la loi est rempli, et ils n'ont plus rien à prétendre. Il n'en serait pas de même d'une fortune acquise par les efforts de l'industrie ou à titre onéreux; car on priverait ainsi les puînés des fruits de leur travail[c]) qui est la base légitime

------

a) Ukas. 3. Oct. 1807. — Const. un. Cod. X. 15.

b) Codes de Prusse et d'Autriche, Édit bavarois, Ukas. du 23. Mars 1714.

c) Il ne s'agit pas ici des acquêts en général qui, suivant la législation russe, comprennent tous les biens provenant d'une souche et primitive de toute propriété exclusive, quoique la législation puisse régler l'usage de ses produits dans des vues d'intérêt général, ainsi que nous l'avons vu au chapitre VI.

Le possesseur du majorat peut renoncer à son droit d'usufruit et d'administration, mais seulement en faveur du plus proche héritier[a]). Il peut aliéner ou hypothéquer les fruits pour tout le temps où il compte rester possesseur, mais jamais la substance. En cas de contravention à ces règles, tout héritier doit avoir le droit de faire annuler l'aliénation illégale par les tribunaux, malgré la prescription écoulée[b]), et les autorités judiciaires qui y auraient concouru sévèrement punies. Le majorat passe alors au plus proche héritier, le prix pyaé par l'acquéreur est remis en récompense à l'héritier réclamant, et l'ancien possesseur reçoit de lui une pension alimentaire. Car toute aliénation d'un majorat ou d'une partie quelconque d'un bien de ce genre étant nulle et même impossible, si la magistrature fait son devoir, le vendeur et l'acquéreur doivent être punis et l'héritier réclamant recevoir une récompense pour empêcher toute collusion; sans quoi l'héritier en question, qui n'est pas toujours l'héritier le plus proche auquel le majorat revient, pourrait être tenté de se laisser acheter son silence. On pourrait toutefois permettre au possesseur d'un majorat de l'échanger contre un bien-fond qui prend dès lors la même qualité ou même de le vendre pour en acheter un autre d'égale valeur, mais seulement du consentement de tous les héritiers (parmi lesquels les descendants du possesseur ne pourront pas compter) et avec l'autorisation des tribunaux[c]). Une pareille latitude servirait quelquefois à mettre les possesseurs de majorats à même

---

étrangère, même ceux obtenus par testament ou donation. Ouloj. XVII. 1. 2. 7. 31. Ukas. 29. Mars 7188. — 26. Juillet 7195. 30. Nov. 1808.

a) Édit bavarois §. 82.
b) Code prussien II. T. 4. §. 123.
c) Édit bavarois §. 68.

de rétablir leurs affaires lorsqu' elles seraient dérangées;
il est d'ailleurs utile d'augmenter autant que possible la
somme des libertés dont jouissent les propriétaires. Le
prix donné devra au moins égaler le minimum nécessaire
à la constitution d'un majorat, sans quoi la vente ne pourra
pas avoir lieu.

Ne laisser aux possesseurs de majorats aucun moyen
de faire des emprunts, serait les soumettre à une gêne
cruelle, et amener en certains cas leur ruine. Un majorat
doit donc pouvoir être grevé de dettes, mais seulement jusqu'à
concurrence d'une quote-part de sa valeur taxée[a]) (car la
valeur des biens-fonds étant sujette à s'altérer on ne
saurait se passer d'une taxation préalable) et du consentement des héritiers et de l'autorité judiciaire. Encore
la dépense à faire devrait-elle être de nécessité absolue,
telle que le paiement des sommes dues aux puînés, ou
tourner au profit du majorat lui-même. En cas d'urgence
on pourrait se passer de taxation, et le consentement de
l'autorité suppléerait à celui des héritiers. Des mesures
devront aussi être prises sans délai pour l'extinction gra-
duelle de la dette[b]). La législation autrichienne[c]) exige
a cet effet un amortissement de $5\ ^0/_0$. — Si le possesseur
du majorat a employé des fonds qui sont sa propriété
particulière pour suffire aux dépenses de première nécessité, il devient lui-même, ainsi que ses héritiers ou légataires, créancier du majorat et de ses successeurs au
majorat[d]) — disposition non-seulement équitable, mais aussi
avantageuse aux majorats, parce qu'elle engagera les possesseurs à employer leurs fortunes particulières à les améliorer. Lorsque le majorat consiste en un capital sur l'État,
on pourrait autoriser le possesseur à en employer une partie
aux dépenses de nécessité, mais en remplissant toujours

---

a) C. civil d'Autriche §. 637.
b) Code prussien II. T. 4. §. 96.
c) C. autrich. §. 638.
d) C. autrich. §. 641. C. pruss. II. T. 4. §. 211.

les conditions prescrites et à charge de rembourser l'argent dans un espace de temps déterminé et par paiements annuels, car de cette manière on lui épargne le paiement des intérêts de l'emprunt qu'il eût dû faire.

Il est au reste évident qu'un majorat ne saurait en aucun cas être vendu pour dettes au profit des créanciers. Si le possesseur, négligent ou de mauvaise foi, ne remplit pas ses engagements envers eux, on ne peut que le priver du droit d'administrer. Son crédit souffre, il est vrai, de cet état de choses qui lui rend la négociation d'un emprunt difficile, mais qui seul aussi assure aux familles la propriété de leurs biens, et offre aux héritiers une garantie réelle contre l'imprudence des possesseurs. De semblables avantages méritent bien d'être achétes par quelques sacrifices

CHAPITRE XII.

CONCLUSION.

Jetons maintenant un dernier regard sur la carrière que nous avons parcourue. Nous avons essayé de montrer:

1°) que l'institution de biens-fonds inaliénables et indivisibles n'est pas contraire aux intérêts économiques de la société: elle ne diminue pas la production agricole, épargne une partie des frais et des bras qui y sont employés, et favorise l'industrie en laissant une partie des cultivateurs disponible et en engageant les cadets de famille à s'y livrer.

2°) Qu'elle est favorable aux intérêts moraux de la société: elle prévient l'extême inégalité des fortunes territoriales, crée entre le propriétaire et le cultivateur des rapports de bienveillance et d'affection mutuelles, préserve une noblesse propriétaire d'une ruine imminente, maintient dans un équilibre salutaire les diverses classes de la société, resserre les liens qui les unissent et, sauvant à la fois le principe de l'honneur et celui de la stabilité, qui résident l'un et l'autre dans la noblesse, exerce et sur les mœurs publiques et sur l'organisation sociale l'influence la plus salutaire.

3°) Qu'elle ne blesse ni les droits des individus, ni ceux des familles; qu'elle n'enfreint ni les principes du droit de propriété, ni ceux de la succession testamentaire, ni enfin ceux de la succession ab intestat.

4°) Qu'enfin l'histoire nous fait voir en elle un élément nécessaire du développement des monarchies modernes.

C'est donc avec une profonde conviction que nous pourrons répéter ici ces paroles du divin Platon, qui devraient être gravés au cœur de tout homme qui aime sa patrie: „Rappelez vous que ni vos biens ni vos personnes ne vous appartiennent, mais qu'ils sont la propriété de toute votre race, de vos ancêtres ainsi que de votre postérité!"

Une dernière queston nous reste encore à examiner, c'est celle de l'époque de la fondation de biens inaliénables et indivisibles. Quel est le moment le plus favorable à leur établissement? Est-ce l'enfance du développement économique des sociétés, lorsque la rareté de la population ou une récente conquête met, comme jadis en Angleterre et en Espagne, de vastes territoires entre les mains de quelques individus? Non, car il en résulterait une concentration excessive, nuisible aux intérêts de l'agriculture. Ou bien est-ce l'époque d'un morcellement extrême de la propriété foncière? Pas davantage, car le mal est fait. C'est donc lorsque les biens-fonds se trouvent réduits à une grandeur moyenne qu'il faut tâcher de les y fixer en empêchant les partages ultérieurs. Nous obtiendrons un résultat analogue en considérant la question sous le rapport du bien-être moral de la société, de son organisation. Ce n'est pas lorsque la noblesse est riche et peu nombreuse qu'il est nécessaire de fonder des majorats. Lorsqu'elle est ruinée, il n'est plus possible de le faire, parce que tous ses biens sont endettés. C'est donc quand elle commence à baisser qu'il est temps de lui offrir ce moyen de prévenir sa décadence. Les nations d'origine germanique n'ont-elles pas suivi cette maxime, lorsque, guidées par une espèce d'instinct social et sans aucun encouragement de la part de la législation, elles commencèrent à fonder des majorats au 15. et au 16. siècle? Qu'on se représente en effet un tiers-état qui, en conséquence d'un dévoloppement rapide de l'industrie, augmente de jour en jour en richesses, en lumières et en considération, et qu'auprès de ce tiers-état figure une noblesse propriétaire et exclusivement vouée au service public, mais fort nombreuse, et qui s'accroît sans esse parce qu'on y entre de partont et à toute heure, supposons cette noblesse appauvrie, comme l'était toute celle de l'Europe occidentale vers la fin du moyen âge, par le genre de vie qu'elle est obligée de mener, par la baisse des prix de tous les produits agricoles, enfin par un ordre de succession établi sur le principe de la divisibilité des fortunes, nous le demandons quel serait le sort de cette noblesse, si la création de majorats ne venait pas mettre un terme aux partages, fixer les fortunes territoriales, perpétuer les familles et arrêter ainsi la décadence du premier ordre de l'État? Cet ordre de jour en jour plus nombreux, plus pauvre et plus déconsidéré, irait se perdre dans la masse de la nation ou ne s'en distinguerait que par des priviléges qui paraîtraient injustes et des prétentions qui seraient ridicules parce qu'elles n'auraient pour fondement aucune supériorité réelle. Au lieu de se composer d'un certain nombre de familles distinguées, intéressées au maintien de l'ordre social par la nécéssité de leur propre conservation, la noblesse ne serait plus qu'une multitude ambitieuse sans moyens, orgueilleuse sans raison, pauvre sans vouloir travailler, à charge à son pays, haïe et méprisée de ses concitoyens.

Par l'établissement des majorats, la noblesse se place sur une base matérielle inébranlable, elle complète son existence sociale et s'assure l'avenir. Que si le autres ordres de l'État, imitant son exemple, fondaient également des institutions analogues au but et à la nature de leur organisation particulière, on verrait chacun d'eux se déve-lopper selon les principes les plus conformes à son existence individuelle et les plus favorables à sa prospérité. Un sentiment de bien-être, de sécurité et de concorde se répandrait alors dans toutes les classes de la population chacun se trouverait à sa place, et serait satisfait de l'état que la Providence lui aurait assigné. Heurreux le pays appelé à remplir une si belle destinée.

Imprimerie de B. G. Teubner à Leipsic.

www.ingramcontent.com/pod-product-compliance
Ingram Content Group UK Ltd.
Pitfield, Milton Keynes, MK11 3LW, UK
UKHW022319070726
13614UKWH00002B/840